AF395423

HOCKEY
HOCKE
FROST HC
HUR MAN
SKAPAR
ETT LAG
JUKKA ARO

© 2025 Jukka Aro
Förlag: BoD · Books on Demand, Östermalmstorg 1,
114 42 Stockholm,
bod@bod.se
Tryck: Libri Plureos GmbH, Friedensallee 273,
22763 Hamburg, Tyskland
ISBN: 978-91-8080-116-4

Innehåll – Berättelsedelen

Innehåll – Fakta delen

Kaosets efterdyningar

Den slitna anslagstavlan i omklädningsrummet var fortfarande täckt av förra säsongens rester: gamla spelscheman, glömda taktiska ritningar och en urblekt affisch som löd "Hjärtat först, segern sen." Orden var sorgligt ironiska nu när laget förberedde sig för en ny säsong – en säsong som började i spillror.

Luften i rummet var tung av osynliga skuldkänslor och obrutna tystnader. Konflikterna från förra året hade lämnat djupa ärr. Inte bara på isen, där samarbetet hade varit en katastrof, utan även mellan spelarna själva. Ryktena om att tränaren tvingats lämna laget hade spridits som en löpeld. Vissa sa att han hade tappat kontrollen; andra påstod att han helt enkelt inte orkade längre. Ingen visste exakt vad som hänt, men en obekväm känsla låg kvar i luften, som om hela laget bar en kollektiv skuld.

Veteranerna, som en gång varit ryggraden i laget, hade sett sina roller börja försvinna i takt med att de yngre spelarna utmanade deras auktoritet.

Små blickar i korridorerna, mummel i hörnen, subtila kommentarer – varje detalj förstärkte sprickan. Det var som om varje spelare hade byggt en mur runt sig själv för att skydda det lilla som fanns kvar av deras självförtroende.
Och nu skulle de börja om, med en ny tränare.

Dörren till omklädningsrummet gnisslade plötsligt till, och alla blickar riktades mot ingången. Där stod han – Ville. Mannen som skulle laga allt.

Ville var inte en man som behövde introduktioner. Hans rykte hade föregått honom: en taktisk innovatör med ett stenhårt fokus på laganda och en kompromisslös attityd till självbelåtenhet.

Men ryktet som hade imponerat på klubbledningen och fått fansen att hoppas betydde ingenting här inne, i det här rummet. Han bar en enkel svart mapp under armen och rörde sig med en tyngd som om varje steg vägde lika mycket som förväntningarna på honom.

Utan ett ord klev han in i rummet, placerade mappen på bänken och lät blicken svepa över spelarna. En efter en mötte han deras ögon: Johan, lagets mest rutinerade spelare, med ett uttryck som avslöjade lika delar misstro och trötthet; Max, den unga, rebelliska forwarden, vars självsäkra uppsyn dolde en inre osäkerhet; och så vidare, genom hela laget.

Ingen sa något. Tystnaden var kompakt, som om själva rummet höll andan. Det var inte en tystnad av respekt – snarare en av avvaktan, som om alla väntade på att någon annan skulle ta första steget.

Ville bröt till slut tystnaden, men inte med orden de väntade sig.
– Det här, sa han med en röst som var både lugn och obeveklig, är känslan av ett lag som inte litar på varandra.
Hans ord ekade i rummet, och spelarna satt som förstenade.

– Det märks inte bara på isen, fortsatte han. – Det känns i varje passning, varje blick och varje beslut. Det här laget har potential, men vi är ljusår ifrån att nå det just nu.

Ville gick fram till anslagstavlan, plockade ner den gamla affischen och höll upp den för alla att se.

– "Hjärtat först, segern sen." Det här är inte bara tomma ord. Det är en påminnelse om vad vi saknar. Hjärtat finns inte här just nu, och utan det kommer vi aldrig att vinna något värdefullt.

Han slängde affischen i papperskorgen och vände sig om.

– Vi börjar om från noll. Inga ursäkter, inga förutfattade meningar. Om ni är redo att göra det som krävs, då kan vi bli något större än bara individer i samma lag. Men den resan börjar inte på isen – den börjar här, nu.

Tystnaden följde hans ord som ett åskmoln. Några av spelarna sneglade på varandra, osäkra på vad som skulle komma härnäst. Ville såg det, och ett nästan omärkligt leende lekte i mungipan. Han visste att det skulle bli en kamp – men det var en kamp han var redo att ta.

Med en gest kallade han på deras uppmärksamhet igen.

– Nu vill jag att ni tänker på en sak: Vad betyder laget för er? Och vad är ni villiga att offra för att det ska fungera? Fundera på det. För det här är inte bara en fråga om hockey – det är en fråga om vem ni är, och vem ni vill bli.

Och med det avslutade han sitt första möte med laget, utan att vänta på applåder eller frågor. Dörren stängdes med ett tyst klick, och kvar lämnade han en grupp spelare som inte längre visste om de var i början av något nytt eller slutet på allt.

Isens Hjältar – Säsongens början

Frost HC var ett lag med en historia lika frusen som isen de spelade på. Den lilla stadens stolthet hade aldrig varit känd för att vinna titlar, men deras hårda arbete och kämparanda hade alltid gjort dem respekterade i ligan.

Under sina bästa dagar hade de spelat med en intensitet som kunde få även de starkaste motståndarna att tveka. Men det var länge sedan.

De senaste säsongerna hade varit en berg-och-dalbana av besvikelser. Skador, interna konflikter och en serie förluster hade gradvis slitit på både spelarna och deras tro på laget.

Förra året hade kulminerat i en katastrofal intern konflikt där tränaren och flera nyckelspelare hamnade på kollisionskurs. När dammet hade lagt sig fanns bara spillror kvar – och en uppsagd tränare.

När säsongen skulle börja om på nytt var det med en ny kraft vid rodret – Ville, en före detta proffsspelare med en lika stor passion för ledarskap som för hockey.

Ville var känd för sin förmåga att vända lag som hamnat i mörka perioder, men också för sin kompromisslösa stil. För honom var varje spelare viktig, men laget var alltid viktigare än individen.

Det första mötet i omklädningsrummet satte tonen för vad som skulle komma. Den tunga doften av liniment och svettig hockeyutrustning fyllde rummet, och luften vibrerade av outtalade frågor.

Ville stod framför gruppen med armarna korsade över bröstet. Hans blick svepte över spelarna, unga som gamla, och varje blick kändes som en granskning.

Kaptenen Johan, med sitt karaktäristiska självförtroende, satt längst fram. Han höll ryggen rak, men hans ansikte bar spår av en oro han inte ville visa.

Max, den nya talangen med en aura av kaxighet, lutade sig avslappnat mot väggen och scrollade på sin telefon, som om han var oberörd av den nya tränarens närvaro.

Resten av laget fyllde ut rummet, några med
nyfikenhet, andra med skeptiska miner.

Ville började med några enkla ord:
– Det här laget har potential att bli något stort.
Men potential vinner inga matcher. Det är vad vi
gör tillsammans som kommer att avgöra.

Han tystnade och lät orden sjunka in, medan han
fortsatte att möta deras blickar en efter en. Några
av spelarna skruvade på sig; andra försökte hålla
kvar hans intensiva blick.

– Jag vet att ni har haft det tufft. Jag vet att ni vill
vinna, fortsatte han. – Men jag kommer att kräva
något av er som är svårare än att bara spela
hockey. Jag kommer att kräva att ni blir ett lag, på
riktigt.

Orden hängde kvar i luften som ekon. För några
väckte de en gnista av hopp, en känsla av att
förändring faktiskt kunde vara möjlig. För andra
var det bara ännu en kliché från en tränare som
inte visste vad han hade gett sig in på.

Max, som knappt lyft blicken från sin telefon,
muttrade tyst:
– Vi får väl se.

Ville reagerade inte direkt. Istället log han svagt
och tog ett steg närmare Max. Hans röst blev
lägre men skarpare.
– Ja, Max. Det får vi verkligen.

Han vände sig tillbaka till gruppen och fortsatte
med samma lugna, bestämda ton:
– Det här är början på något nytt. Men det kräver
att vi lämnar det gamla bakom oss. Så vad jag vill
veta nu är enkelt: Är ni redo?

En tystnad fyllde rummet igen, men denna gång
var den annorlunda. Det var inte bara avvaktan –
det var en antydan till något annat. En känsla av
att detta ögonblick kunde bli avgörande.

Ville såg det i deras ögon. Han visste att han inte
hade vunnit över dem än. Men han hade
planterat ett frö, och ibland var det allt som
behövdes för att börja bygga något nytt.

Personligheterna krockar

Träningspassen hade bara pågått i några veckor, men spänningarna i Frost HC började redan bubbla under ytan.

Laget, en brokig samling av unga talanger och erfarna veteraner, försökte hitta sin rytm – men det var lättare sagt än gjort.

Ville, den nya tränaren, observerade från sidan. Han hade sett detta förr: en grupp som delade isen, men inte målen.

Kaptenen Johan, med sina 34 år, var fortfarande lagets hjärta och själ. Han hade byggt sin karriär på disciplin och arbetsmoral, och lagkamraterna respekterade honom för hans engagemang. Men Johan visste något som de andra inte visste – hans kropp började svika honom. Knäna värkte efter varje träning, och hans snabbhet hade inte varit densamma sedan förra säsongen.

Även om han försökte dölja det, växte en oro inom honom: Hur länge kunde han hålla sig kvar på toppen? Och vad skulle hända med laget om han inte längre var den ledare de behövde?

På andra sidan spektrumet fanns Max, en 21-årig forward med ett skarpt skott och ett ännu skarpare självförtroende.

Max hade precis anslutit från en juniorklubb, där han varit stjärnan, och han förväntade sig att samma status skulle följa honom in i Frost HC.

Under träningarna körde han ofta egna skottövningar istället för att delta i lagmomenten. När Ville påpekade det, ryckte han bara på axlarna och svarade:
– Det är så jag blir bättre, coach.

Johan hade redan haft ett par små sammanstötningar med Max. Under en internmatch tog Max en onödig soloräd istället för att passa, vilket ledde till att Johan högljutt kallade honom "lagets sämsta lagspelare".

Max svarade med att fnysa och replikera:
– Vissa av oss måste leverera poängen också.

Resten av laget delades upp i tysta läger. De äldre spelarna stöttade Johan, men några av de yngre såg upp till Max för hans självsäkerhet – även om de inte vågade säga det högt.

Konflikten låg och pyrde, som en osynlig spricka i isen som hotade att slå upp vid första tryck.

Ville såg allt detta, men han höll sig medvetet tillbaka. Han visste att konflikten behövde blottas innan den kunde lösas. Men tiden var knapp.

För varje träning som gick utan att problemen hanterades, kändes laget mer som ett gäng individer än en enhet.

En dag, efter ännu ett träningspass där Max hade ignorerat taktiska instruktioner, samlade Ville hela laget i omklädningsrummet.

Han stod tyst framför dem, lät tystnaden lägga sig tungt innan han sa:
– Vi har ett val. Vi kan fortsätta så här och hoppas att vi någon gång snubblar över en vinst. Eller så kan vi börja spela som ett lag och skapa våra egna vinster. Men om någon inte är redo att ge allt för laget, säg det nu.

Hans blick vandrade långsamt över rummet och stannade till slut på Max. Orden hängde i luften som en utmaning, och för ett ögonblick kändes det som om hela laget höll andan.

Max mötte Villes blick, hans käkar spända som för att hindra något från att slippa ut. Men han sa ingenting.

Johan, som satt längst fram, sneglade på Ville. Han letade efter något i den nya tränarens ansikte – kanske en antydan till vad nästa drag skulle vara, eller en signal om hur han själv borde reagera.

Men Ville avslöjade inget. Istället lät han tystnaden tala ännu en gång, innan han vände sig och började gå mot dörren.

– Det räcker inte att bara säga att ni är redo, sa han över axeln. – Jag kommer att se det på isen. Och tro mig, jag kommer att veta om ni ljuger.

Han öppnade dörren, men precis innan han gick ut stannade han och vände sig om en sista gång. – Det här är inte en utmaning, det är ett löfte. De som inte är beredda att göra jobbet kommer inte att spela. Punkt.

Dörren slog igen bakom honom, och en tyngd lade sig över rummet. Det var inte ilska eller

irritation som tidigare – det var något mer
allvarligt. Något som var svårt att sätta ord på.

Johan lutade sig tillbaka på bänken och drog
handen genom håret.
– Okej, muttrade han lågt. – Då vet vi vad som
gäller.

Max, fortfarande lutad mot väggen, satte
långsamt ner sin telefon och såg ut över laget.
Hans vanliga självsäkra leende var borta, ersatt
av något som nästan liknade tvekan.

– Är det bara jag, eller menade han allvar?
frågade en av de yngre spelarna med en nervös
blick.
– Han menade allvar, svarade Johan. – Det är
bara frågan om vi gör det också.

Ingen svarade, men känslan av beslut som
behövde fattas hängde kvar.

Ville hade satt bollen i rullning, men nu var det
upp till dem att avgöra om de kunde bli det lag
han krävde – och det lag de en gång hoppades att
de kunde vara.

Resan framför dem skulle inte bli lätt. Och frågan var inte bara om laget skulle överleva den, utan om de någonsin skulle kunna bli de lagkamrater de behövde vara för varandra.

Ville introducerar nya träningsmetoder

Ville var inte en tränare som nöjde sig med att spela efter traditionella regler. För honom var hockey mer än ett spel – det var en mental kamp, en gruppdynamisk utmaning, och en ständig balansgång mellan individens prestation och lagets framgång.

Därför var hans första stora förändring inte en ny taktik på isen, utan att introducera något som laget aldrig hade gjort förut: mental träning och gruppövningar utanför isen.

När Ville berättade om sin plan på ett spelarmöte, möttes han av en blandning av reaktioner. De yngre spelarna, som var mer vana vid moderna träningsmetoder, nickade nyfiket, medan några av veteranerna, inklusive Johan, såg skeptiska ut.

En av övningarna Ville introducerade var att varje spelare skulle skriva ner sina personliga och lagmässiga mål och sedan dela dem med resten av laget.

– Det här handlar inte bara om er, sa Ville.
– Det handlar om hur vi ska fungera tillsammans.
Om ni inte vet vad ni själva kämpar för, hur ska ni
då kunna kämpa för varandra?
Max skrattade tyst för sig själv och lutade sig
tillbaka på stolen.

– Så vi ska skriva upp vad vi drömmer om? Är det
här hockey eller någon form av terapi?

Ville ignorerade kommentaren, men Johan gav
Max en skarp blick som snabbt tystade honom.
Trots det märktes det tydligt att flera spelare inte
tog uppgiften på allvar.

När de samlades dagen efter för att dela sina mål
var stämningen först stel. Max läste upp sitt
papper med en tydligt ironisk ton.

– Okej, här är mina mål: Att bli den mest ödmjuka
spelaren i laget och att slå passningar som folk
faktiskt kan ta emot.

Skratten ekade i rummet, men Ville avbröt
snabbt med en handgest.

– Max, det här är inte en tävling i att vara rolig.
Om du inte vill ta det seriöst, fine. Men kom ihåg
att det är du som förlorar på det.

Efter några tveksamma sekunder började de
yngre spelarna dela sina mål. Oliver, den yngsta
forwarden, sa nervöst:

– Jag vill bli bättre på att avsluta, så jag inte sviker
laget när jag får lägen. Och som lag vill jag att vi
ska bli mer samspelta i powerplay.

Några nickade uppmuntrande, och det märktes
att stämningen började förändras. När det blev
Johans tur suckade han tungt men läste till slut
från sin lapp:

– Mitt mål är att vara en bättre ledare på isen.
Och jag vill att vi som lag ska bli mer
disciplinerade i försvarszon.

Hans ord fick tystnad att sänka sig över rummet.
Det var som om laget såg Johan i ett nytt ljus, en
spelare som alltid varit den tysta veteranen, men
som nu vågade visa något mer.

Under de kommande dagarna märktes det hur övningen påverkade gruppen. Efter träningarna började spelarna prata mer öppet, inte bara om hockey, utan också om saker som frustrerade eller inspirerade dem. Även Max, som till en början hade avfärdat allt, tog Ville åt sidan en kväll och frågade:

– Tror du verkligen att det här kan hjälpa oss? Jag menar, det känns lite... annorlunda.

Ville log.

– Det hjälper bara om du vågar tro på det. Hockey handlar inte bara om hur snabb du är på skridskorna. Det handlar om vad som händer här, sa han och pekade på sitt huvud, och här, sa han och lade handen på sitt hjärta.

Max nickade långsamt, som om han började förstå något han aldrig tidigare reflekterat över.

Det var bara början på en resa där laget skulle upptäcka att det fanns mer styrka i deras gemensamma sårbarhet än de någonsin kunnat föreställa sig.

Gruppövningarna utanför isen

En vecka senare samlade Ville laget på en friluftsgård för en övningsdag utanför isen.

Där fanns inga puckar eller klubbor – bara laguppgifter som tvingade spelarna att kommunicera och samarbeta på nya sätt.

En av övningarna gick ut på att laget skulle lösa en serie komplexa problem tillsammans, medan en annan krävde att de med förbundna ögon skulle leda varandra genom en hinderbana.

– Det här är ingen tävling, förtydligade Ville innan de började.
– Det här handlar om att se hur ni samarbetar när ni är pressade.

Under en av övningarna, där spelarna skulle bygga en bro av rep och plankor över ett dike, märktes sprickorna i gruppen. Johan försökte ta ledningen och ge instruktioner, men Max avbröt honom flera gånger och föreslog andra idéer.

Diskussionerna eskalerade snabbt, och frustrationen syntes tydligt hos båda.
– Om du vet så mycket bättre, Max, varför bygger du inte hela bron själv? snäste Johan.
– Kanske jag borde, svarade Max med ett leende som gjorde Johan ännu mer irriterad.

Resten av laget försökte fortsätta bygget utan att välja sida, men stämningen var spänd. Ville stod på avstånd och observerade utan att ingripa. Han ville se hur gruppen hanterade konflikten, även om det var tydligt att det bara var en tidsfråga innan något skulle explodera.

Max plockade upp några träbitar och började demonstrativt arrangera dem på ett sätt som verkade mer slumpartat än genomtänkt.
– Så här kanske? Eller är det också fel enligt dig, Johan? sa han med en utmanande ton.

Johan slog ner sin hammare på marken och reste sig upp.
– Om du bara kunde sluta leka clown för en gångs skull, så kanske vi faktiskt skulle få något gjort!

Nu hade de andras tålamod också börjat ta slut.
Oliver, den yngsta spelaren, klev fram och
försökte medla.
– Hörni, det här funkar inte. Vi måste väl ändå
jobba tillsammans?
Men Johan avbröt honom.
– Det är lätt för dig att säga, Oliver. Du gör ju bara
som alla andra säger utan att tänka själv.

Oliver såg sårad ut och tog ett steg tillbaka. Det
var då Ville bestämde sig för att ingripa. Han gick
fram och samlade gruppen runt bron som
fortfarande var långt ifrån färdig.
– Okej, stopp, sa han med en lugn men bestämd
röst.
Alla vände sig mot honom, och det var som om
spänningen i luften plötsligt blev ännu mer
påtaglig.

– Ser ni vad som händer här? sa Ville och svepte
med blicken över laget.
– Vi är här för att bygga en bro, men just nu river
ni istället ner den – både bron och varandra.

Max öppnade munnen för att säga något, men Ville höjde handen för att avbryta.

– Nej, Max. Det här är inte rätt tid för skämt. Och Johan, det är inte rätt tid för aggression. Vi ska prata om det här, men först vill jag att ni alla tar ett steg tillbaka och funderar på vad vi försöker uppnå här.

Han pekade på bron.

– Det här är en symbol för laget. Varje bit ni lägger på plats är en del av det vi bygger tillsammans. Men om ni låter era egon och era konflikter styra, så kommer den aldrig bli färdig.

Ville pausade och lät tystnaden tala.

– Jag vill att ni alla funderar i fem minuter. Inga ord, bara tankar. Vad vill ni att den här bron ska representera?

Laget skingrades långsamt, och de stod i små grupper eller för sig själva. Max sparkade lätt i gruset med foten och sneglade på Johan, som verkade djupt försjunken i sina tankar.

Efter fem minuter samlade Ville dem igen.
– Okej, låt oss höra. Johan, vad tror du den här
bron handlar om?

Johan såg först tveksam ut men svarade till slut:
– Att vi ska jobba tillsammans. Att det vi bygger
blir starkare om alla bidrar.

Ville nickade och vände sig mot Max.
– Och du, Max?
Max ryckte på axlarna men log, den här gången
utan spår av ironi.
– Jag antar att det handlar om att släppa taget om
att alltid vilja ha rätt och istället se till att vi
faktiskt får något gjort tillsammans.

Ville log och vände sig mot resten av laget.
– Så, kan vi försöka igen? Inte bara för att bygga
en bro, utan för att bygga något större – något
som gör oss till ett starkare lag.

Det var ingen dramatisk förändring som skedde,
men när laget började arbeta igen märktes en
tydlig skillnad. Johan och Max, som nyss hade
varit i luven på varandra, började prata lågmält
om hur de kunde förbättra designen. Oliver tog

mod till sig och föreslog ett nytt sätt att förstärka bron, och den här gången lyssnade de andra. Ville betraktade dem från sidan och kände en viss lättnad. Konflikter var en del av processen, visste han, men det var också en möjlighet att växa. Och just den här dagen hade laget tagit ett steg närmare att förstå vad det innebar att verkligen vara ett team.

Subtila konflikter och omklädningsrummets viskningar

Tillbaka i hockeyhallen började träningarna kännas annorlunda. Några spelare, särskilt de yngre, tog till sig av de nya metoderna. Målvakten Erik, vanligtvis en tyst observatör, blev mer självsäker under träningspassen och började prata mer med sina lagkamrater. Samtidigt började de äldre spelarna muttra i omklädningsrummet.

– Är det här verkligen hockeyträning? frågade en av veteranerna.
– Jag kom inte hit för att bygga broar och skriva upp mina mål som om jag vore på en chefsutbildning.

Johan höll med, men han sa inget högt. Han var kapten, och han visste att hans ord kunde väga tungt. Men inom sig kunde han inte låta bli att känna att Ville kanske fokuserade för mycket på allt utanför isen och för lite på spelet.

Samtidigt gnagde oron över hans egen form – Max blev bättre och bättre under varje träning, och Johan kunde inte ignorera att lagets unga stjärna kanske en dag skulle ta över rollen som ledare.

Max, å andra sidan, verkade njuta av uppmärksamheten. Även om han inte gillade alla nya övningar, tog han varje chans att visa sig överlägsen på isen. Men även han började känna pressen.

Ville hade börjat ge honom extra uppgifter, små tester av hans förmåga att tänka på laget snarare än sig själv. Max märkte det, men han var inte redo att ge upp sin individualism.

Under ytan växte en osynlig spricka i laget. Ville kunde se den i små saker: blickarna mellan Johan och Max, tonfallet i omklädningsrummet, hur vissa spelare började sluta sig samman i små grupper. Men han visste att konflikten behövde få bubbla upp innan den kunde lösas.

För Ville var detta inte ett misslyckande, utan en möjlighet. Laget behövde bryta ner sina murar innan de kunde byggas upp igen. Frågan var bara om de skulle hinna göra det innan säsongen gick förlorad.

De första matcherna under säsongen blev precis
så skakiga som Ville hade förutspått. Frost HC
vann en match med nöd och näppe, förlorade
nästa på ett pinsamt sätt och lyckades spela
oavgjort i en tredje där inget riktigt fungerade.

Laget kämpade med att hitta en rytm, och
frustrationen i omklädningsrummet växte för
varje vecka.

Mitt i detta kom den oväntade katastrofen. Under
en till synes harmlös övning på träning gled
backen Emil, en av lagets mest stabila spelare,
olyckligt in i sargen.

Alla hörde det obehagliga ljudet när hans ben gav
vika. Träningen avbröts, och lagkamraterna
samlades tysta medan Emil fördes ut på bår.

Senare samma kväll kom beskedet: Emil skulle
bli borta i minst tre månader.

Emils skada skapade en chockvåg i laget. Inte
bara hade de förlorat en av sina bästa defensiva
spelare – det blev också en påminnelse om hur
skört allt kunde vara.

För vissa spelare blev det en väckarklocka. För andra en ytterligare källa till frustration.

Ville kallade till ett möte dagen efter. Han stod framför laget med en tavla där Emils namn stod i fetstil i mitten. Runt det fanns tomma cirklar som representerade laget.

– Det här är verkligheten, sa Ville och pekade på tavlan. – Emil är borta från träningar och matcher, och det är inget vi kan ändra på. Så vi har två val. Vi kan låta det bli en ursäkt för att misslyckas, eller så kan vi använda det här som en möjlighet att bli något större än vad vi var.

Han vände sig till Johan, som satt längst fram med en bister min.
– Johan, du är vår kapten. Jag behöver att du hjälper mig att leda det här laget genom den här krisen.

Johan nickade kort, men inom sig kände han en tung tyngd lägga sig på axlarna. Ville förklarade att han ville att laget skulle arbeta fram sina gemensamma värderingar – inte bara skriva ner dem, utan faktiskt diskutera och komma överens om vad Frost HC skulle stå för. Och han ville att Johan skulle leda den processen.

Två dagar senare samlades laget i konferensrummet ovanför ishallen. Bordet var fyllt med papper, pennor och en whiteboard.

Johan stod vid tavlan, nervös och lite obekväm. Han hade aldrig sett sig själv som någon som höll i den här typen av aktiviteter.

Att tala inför laget på isen var en sak – där kände han sig hemma. Men att stå här och prata om värderingar? Det kändes, som Max redan hunnit kommentera i omklädningsrummet, "mer som skola än hockey."

Men Ville hade varit tydlig: det här var viktigt. Och Johan insåg, trots sin skepticism, att laget behövde något att samlas kring. Han började försiktigt.

– Okej, killar, vi behöver prata om vad vi vill stå för. Vad vill vi att andra ska säga om Frost HC?

Tystnad. Max satt tillbakalutad och tittade ut genom fönstret.

Några andra stirrade ner i bordet. Erik, målvakten, bröt till slut tystnaden.

– Kanske... att vi alltid kämpar, oavsett vad som händer?

Johan skrev ner orden på tavlan och nickade.
– Bra. Vad mer?

Sakta men säkert började fler spelare delta i diskussionen. Även Max, som till en början verkade ointresserad, lade till sina tankar när Johan frågade honom direkt.

Diskussionerna blev alltmer engagerade, och Johan märkte att det faktiskt började hända något. Spelarna slutade fokusera på sig själva och började tänka på laget som en helhet.

I slutet av workshopen stod tavlan full av ord: *Tillit, respekt, arbete, mod, gemenskap.*

Johan vände sig mot laget.
– Det här är vad vi är, om vi väljer att vara det. Men det räcker inte att bara skriva det på en tavla. Vi måste visa det varje dag, på isen och utanför.

Emil är inte här för att hjälpa oss, men vi kan välja
att hedra honom genom att spela som det här
laget vi säger att vi vill vara.

För första gången på länge kände Johan att något
förändrades. Ville, som hade stått tyst i ett hörn
under hela workshopen, nickade nöjt.

Det var inte en lösning på alla problem, men det
var ett steg framåt – ett steg mot att bli ett lag på
riktigt.

Ett oväntat ledarskap

Frost HC stod inför en av sina tuffaste utmaningar för säsongen – en bortamatch mot ligans topplag, North Blizzards.

Hallen var fylld till brädden med högljudda hemmafans, och atmosfären var laddad. Ville hade förberett laget noggrant, men redan från första nedsläpp syntes det att Frost HC var i underläge, både mentalt och spelmässigt.

Efter första perioden låg de under med 2–0. Ville samlade laget i omklädningsrummet och försökte lyfta deras fokus.

– Vi spelar som om vi redan har förlorat, sa han med lugn men tydlig röst. – Kom ihåg varför vi är här. Kom ihåg vad vi sa om att alltid kämpa.

Trots Villes uppmaning släppte Frost HC in ytterligare ett mål tidigt i andra perioden.

När Johan, kaptenen och lagets ryggrad, försökte bryta en snabb kontring, föll han olyckligt och vred till knäet. Han reste sig långsamt, haltande, och försökte spela vidare, men Ville signalerade från bänken att han skulle sätta sig.

Johan protesterade, men Ville var bestämd.
– Vi tar inga risker. Vi behöver dig för resten av säsongen, sa Ville. – Max, du får ta kaptensbindeln.

Max, som satt längst ut på bänken, höjde förvånat på ögonbrynen.
– Jag?
– Ja, du, svarade Ville. – Du har visat att du kan mer än bara spela för dig själv. Nu får du visa det på riktigt.

Mot slutet av andra perioden, med ställningen 3–0, tog Ville en timeout. Han samlade laget runt sig, men innan han hann börja prata, steg Max fram.

Spelarna tittade förvånat på honom – den unge forwarden som ofta varit lagets mest självcentrerade spelare.

– Okej, hör upp, sa Max och mötte allas blickar. – Vi vet att vi är bättre än så här. Vi vet att vi kan vända det här. Det här handlar inte om att göra snygga mål eller försöka vara bäst själv. Det handlar om att vi spelar för varandra.

Jag behöver er, och ni behöver mig. Så låt oss visa dem vad vi går för.

Det var inga stora, välformulerade ord, men något med Max blick, tonfall och intensitet fick laget att lyssna. Till och med Johan, som satt på bänken med en ispåse runt knäet, nickade uppskattande.

När tredje perioden började var det ett annorlunda Frost HC som steg ut på isen. Max, som tidigare ofta hade jagat egna mål, spelade plötsligt som en lagspelare. Han täckte puck, kämpade längs sargen och gjorde några välplacerade passningar som ledde till två snabba mål.

Ställningen var nu 3–2, och stämningen på bänken var elektrisk. Spelarna hejade på varandra, något som inte hade hänt på länge.

Målvakten Erik gjorde flera avgörande räddningar, och med två minuter kvar på klockan lyckades Frost HC kvittera efter en elegant styrning av en av lagets veteraner – på en passning från Max.

När slutsignalen gick var det oavgjort, men det kändes som en seger. Spelarna klappade varandra på ryggen, och även Ville log. Det var inte bara resultatet som betydde något – det var sättet de hade spelat på. För första gången på länge hade de verkligen spelat som ett lag.

Efter matchen satt laget i omklädningsrummet, trötta men glada. Johan, som hade följt spelet från sidan, reste sig och haltade fram till Max.

– Bra jobbat där ute, sa han och klappade Max på axeln. – Du kanske inte är så hopplös som jag trodde.

Max log, ett genuint leende som sällan syntes.
– Tack, kapten. Jag bara… försökte göra mitt jobb.

Ville såg på från dörren och sa ingenting. Han visste att något hade förändrats.

Max hade visat att han kunde vara en ledare, och Johan hade visat att han kunde dela ansvaret. Dynamiken i gruppen var inte längre densamma. Frost HC hade tagit ett steg mot att bli det lag de behövde vara – ett lag där varje spelare, ung som gammal, kunde bidra till framgången.

Gemensamma utmaningar utanför isen

Efter den avgörande matchen där laget kämpade sig till ett oavgjort resultat, insåg Ville att laget hade börjat röra sig i rätt riktning. Men det fanns fortfarande arbete att göra. För att verkligen stärka bandet mellan spelarna planerade han en träningshelg, långt från hockeyhallens bekvämligheter och den välbekanta isen.

Laget anlände till en avlägsen stugby vid en sjö, omgiven av täta skogar. Istället för hockeyutrustning fick spelarna ryggsäckar fyllda med karta, kompass och enkla förnödenheter.

Ville mötte dem vid lägerelden och förklarade helgens mål:
– Det här handlar inte om puckar eller mål. Det handlar om att lära oss att lita på varandra. Om vi kan navigera genom det här tillsammans, kan vi göra det på isen också.

Spelarna var tveksamma. Max skrockade något om "överlevnadsträning för scouter," men Ville ignorerade honom.
Johan, som fortfarande hade sitt skadade knä, såg sig omkring och undrade vad som väntade.

Helgen var full av utmaningar, från att bygga flottar för att korsa sjön till att lösa gåtor som krävde samarbete och kommunikation.

Spelarna fick arbeta i små grupper, och Ville hade noggrant blandat dem för att bryta upp de osynliga läger som fortfarande fanns i laget.

Johan och Max hamnade i samma grupp, till bådas synliga irritation.

Det var dock under den nattliga aktiviteten som allt förändrades. Ville delade upp laget i två stora grupper och skickade ut dem i skogen med instruktionen att hitta tillbaka till baslägret med hjälp av kartor och ficklampor.

För att göra det svårare var vissa medlemmar "blinda" och fick bära ögonbindlar, medan andra blev ansvariga för att guida dem.

I den grupp som leddes av Johan gick allt bra – åtminstone till en början. Men i den andra gruppen, där Max var en av de ledande rösterna, bröt förvirring och frustration snabbt ut.

Ficklampor blinkade hit och dit, röster höjdes, och det var svårt att navigera genom mörkret. Det var då Erik, den tysta och tillbakadragna målvakten, plötsligt tog ett steg framåt.

– Okej, alla, sa han med en lugn röst som skar genom kaoset. – Vi måste sluta prata i mun på varandra. En person ger instruktioner, resten lyssnar. Ge mig kartan.

Spelarna, inklusive Max, stannade upp. Det var ovanligt att Erik tog kommandot, men hans lugn verkade smitta av sig. Han studerade kartan under ficklampans sken och började ge tydliga, kortfattade instruktioner. Gruppen följde honom, och snart hade de navigerat sig tillbaka till lägret, trots flera hinder på vägen.

När båda grupperna var tillbaka vid lägerelden senare på kvällen, reflekterade Ville över vad som hade hänt. Han såg hur Johan och Max hade börjat samarbeta, hur Erik hade visat sitt ledarskap i en kritisk situation, och hur resten av laget hade börjat förlita sig på varandra.

Det fanns fortfarande arbete att göra, men något hade förändrats.

Ville reste sig och talade till gruppen:
– Ni har just bevisat något viktigt. Ett lag handlar inte om att den starkaste eller snabbaste alltid leder. Det handlar om att veta när man ska lyssna, när man ska följa och när man ska kliva fram.

I kväll såg vi det på riktigt. Spelarna satt tysta, vissa blickade mot Erik med ny respekt. Johan nickade kort och lade en hand på Eriks axel.
– Bra jobbat där ute, sa han.

Max sa inget, men hans blick avslöjade att även han hade blivit imponerad.

När helgen var över och laget återvände hem, var de inte längre samma grupp som hade åkt iväg.

Spelarna började se varandra som mer än bara lagkamrater – de började se varandra som en enhet, där alla hade en roll att spela.

Ville visste att det fortfarande fanns utmaningar kvar, men han var övertygad om att detta var ett stort steg mot att göra Frost HC till det lag de behövde vara.

Matcher och träningar som formar laget

Efter träningshelgen i skogen återvände Frost HC
till hockeyhallen med ny energi.

Sammanhållningen i laget hade förbättrats, men
Ville visste att det inte räckte. För att vinna
matcher behövde de inte bara lita på varandra –
de behövde också förfina sitt spel och vässa sina
taktiker. De kommande veckorna blev en intensiv
period av matcher och träningar där laget
formades på isen.

De första matcherna efter träningshelgen blev en
utmaning. Trots det nya fokuset förlorade Frost
HC mot ett aggressivt och samspelt lag.

Förlusten var ett bakslag, men Ville såg något
annat på isen – laget kämpade. De gav aldrig upp,
och även om de gjorde misstag, försökte de lösa
dem tillsammans.

Johan tog ett större ansvar både på och utanför
isen. Under en match, där Frost HC låg under
med två mål i tredje perioden, samlade han laget
vid båset under en timeout.

– Vi behöver ta oss tillbaka till det vi tränade på. Håll positionerna, kommunicera, och lita på varandra. Vi vänder det här.

De förlorade matchen med uddamålet, men det var en annan känsla i laget efteråt. Istället för att skylla på varandra samlades de i omklädningsrummet och diskuterade vad som kunde förbättras. Ville log för sig själv. Det var inte en vinst i tabellen, men det var en seger för lagets kultur.

Ville utnyttjade varje träning för att förstärka lagets svagheter. En av hans nya taktiker var att simulera pressade matchscenarion där laget tvingades fatta snabba beslut.

Han delade ofta in spelarna i mindre grupper, där de äldre fick ansvaret för att leda de yngre. Johan och Erik tog sina roller på största allvar, medan Max ibland behövde en påminnelse om vikten av lagarbete.

– Max, vad ser du här? frågade Ville efter en sekvens där Max försökt ta pucken hela vägen själv och misslyckats.

Max suckade och pekade på en lagkamrat som
stått fri.
– Passningsläget, sa han kort.
– Och varför tog du det inte?
Max ryckte på axlarna, men Ville lät inte ämnet
falla.
– På träningarna är det nu du lär dig att ta de där
besluten. På matchdagen är det för sent att ångra
sig.

Max började lyssna, och under kommande
träningar började hans spel förändras. Han
letade efter passningar, täckte pucken när det
behövdes och till och med berömde sina
lagkamrater efter lyckade spelmoment.

En av säsongens mest avgörande matcher blev
en vändpunkt för laget. Frost HC mötte ett av
sina rivaler och hamnade tidigt i underläge. Efter
en turbulent andra period, där domslut och
misstag ledde till flera baklängesmål, gick laget
till paus med ställningen 4–1.

Ville samlade laget i omklädningsrummet.
– Vi har varit här förut, sa han lugnt. – Det här är
inget vi inte kan hantera. Vi behöver inte göra fyra
mål på en gång. Vi tar det byte för byte, en puck i

taget. Och viktigast av allt – vi spelar vår hockey,
inte deras.

När laget kom tillbaka till isen förändrades
matchbilden. Erik i målet gjorde flera avgörande
räddningar som gav laget energi.

Max satte ett mål efter en snabb kontring, och
Johan styrde in ytterligare ett efter ett precist
skott från blålinjen. Med bara minuter kvar
kvitterade Frost HC, och även om matchen
slutade oavgjort, kändes det som en seger.

Efter matchen samlades laget i
omklädningsrummet. Johan klappade Erik på
axeln.

– Bra räddningar där ute. Du höll oss kvar i
matchen.

Max, som sällan gav komplimanger, nickade mot
Atte, som hade gjort sitt första poäng i serien.
– Snygg passning. Jag hade inte kunnat sätta den
utan dig.

Ville såg på när spelarna interagerade. Det fanns fortfarande arbete att göra, men han kunde se att de blev mer än bara ett lag på papperet. De blev en grupp som stöttade varandra, kämpade för varandra, och såg varandra för vad de verkligen kunde bidra med.

Det var de här ögonblicken som skulle definiera dem när de snart skulle ställas inför säsongens största prövning – finalen.

Dagen efter matchen hade laget samlats på isen för en tidig träning. Stämningen var lättare än vanligt, men Ville märkte att den glädje de kände efter oavgjort-resultatet riskerade att bli självbelåtenhet.

Det var hans jobb att påminna dem om att de fortfarande hade en lång väg kvar.
– Bra jobbat igår, började Ville medan spelarna samlades runt honom i en halvcirkel. – Men låt mig vara tydlig: en kvittering är inte en vinst. Det är ett steg i rätt riktning, men inget mer.

Han lät orden landa innan han fortsatte:
– Ni gjorde saker rätt där ute, och det är bra. Men jag såg också en del som måste förbättras. Vi har seriefinalen runt hörnet, och om ni tror att samma insats kommer att räcka, då har ni fel.

Johan sträckte på sig.
– Vad behöver vi göra, då?
Ville log, ett kort, nästan utmanande leende.
– Vi behöver bli snabbare. Skarpare. Och framför allt – vi måste sluta spela för oss själva och börja spela för laget.

Träningen började med högt tempo. Ville hade lagt upp övningar som tvingade spelarna att samarbeta – snabb puckförflyttning, skridskoåkning i trånga utrymmen, och kontringar där varje beslut måste fattas på en bråkdel av en sekund.

Vid en av övningarna, där forwards skulle samarbeta med backarna för att snabbt vända spelet, hamnade Johan och Max i en diskussion.

– Du måste hålla dig i linje med mig, sa Max frustrerat. – Annars bryts hela speluppbyggnaden.

– Och du måste sluta överdriva dina dragningar, svarade Johan lika frustrerat. – Det här handlar inte om dig.

Ville blåste i visselpipan.
– Stopp! ropade han.

Han åkte fram till dem och ställde sig mittemellan.
– Vad är problemet?

Johan och Max tystnade, men det var tydligt att irritationen låg kvar i luften. Ville suckade.
– Jag förstår att ni vill vinna. Jag förstår att ni båda har idéer om hur. Men just nu, ärligt talat, så spelar ni inte som ett lag. Ni spelar som två individer som försöker övertyga varandra om att ni har rätt.

Han pekade mot de andra spelarna, som stod och såg på.
– Ser ni dem? De behöver er båda. De behöver att ni samarbetar. För om ni inte gör det, så kommer vi inte bara att förlora seriefinalen – vi kommer att förlora allt det vi har byggt upp den här säsongen.

Det var en hård sanning, men båda spelarna
nickade till slut.

– Vi försöker igen, sa Max till Johan, och den här
gången fanns det ingen syrlighet i rösten.

När träningen var över samlade Ville laget på
isen.

– Vi börjar se ut som ett lag. Men seriefinalen
kommer att bli vår största prövning hittills. Det
kommer inte att handla om vem som är bäst på
att dribbla, skjuta eller rädda pucken. Det
kommer att handla om vilka som är redo att
kämpa för varandra, oavsett vad.

Han såg ut över dem och kunde se en glöd i deras
ögon som inte hade funnits där tidigare. De
kanske inte var helt redo ännu, men de var på
väg.

När laget lämnade isen kände Ville något han
inte hade känt på länge – en gnista av hopp.
Seriefinalen låg framför dem, men det var inte
bara en match. Det var ett test av allt de hade
arbetat för. Och kanske, bara kanske, var de redo
att möta det.

Den stora seriefinalen

Den stora dagen hade kommit. Frost HC, laget
som hade kämpat sig igenom konflikter, skador
och osäkerhet, stod nu på tröskeln till sin största
utmaning – finalen i ligan mot favoriterna, Iron
Wolves.

Arenan var fylld till bristningsgränsen, och
spänningen i luften var nästan lika tjock som isen
under spelarnas skridskor.

Ville gick fram och tillbaka i omklädningsrummet
innan matchen, lika lugn och metodisk som
alltid. Spelarna satt i en cirkel, vissa stirrade ner
på sina skridskor, andra mötte hans blick.

– Vi har inte kommit hit av en slump, sa Ville. – Vi
är här för att vi har gjort jobbet. Vi har lärt oss lita
på varandra. Vi har tagit oss igenom allt som har
stått i vår väg. Och ikväll är inget annorlunda.

Det handlar inte om att vara bäst på papperet.
Det handlar om att vara bäst när det verkligen
gäller.

Johan, som hade återhämtat sig från sin skada
och var redo att leda laget på isen igen, reste sig
och tog över:

– Det här är vår chans. Inte bara att vinna en titel, utan att bevisa för oss själva vad vi är kapabla till. Jag tror på er – varenda en av er. Låt oss visa vad Frost HC står för.

När pucken släpptes märktes det snabbt att Iron Wolves var allt som förväntats – snabba, starka och samspelta.

Frost HC kämpade för att hålla jämna steg, men redan i första perioden drabbades de av ett hårt bakslag. Ett tveksamt domslut gav Iron Wolves ett powerplay, och de utnyttjade det effektivt för att ta ledningen med 1–0.

I andra perioden blev det värre. Ett misstag i försvaret ledde till ytterligare ett mål för Iron Wolves, och frustrationen började synas hos Frost HC.

Spelarna tappade fokus och började jaga pucken istället för att hålla sig till taktiken. När perioden var över stod det 2–0 till motståndarna, och stämningen i omklädningsrummet var tryckt.

Ville stod framför tavlan, tyst i några sekunder
innan han sa:

– Det här är inte över. Men om vi ska vända det
här måste vi göra det tillsammans.
Vi kan inte vinna den här matchen som individer.
Vi måste spela som det lag vi har tränat hela
säsongen för att vara.

Han vände sig till några av de yngre spelarna,
inklusive reservforwarden Atte, som knappt hade
fått speltid under säsongen.

– Atte, du går in på nästa byte. Du har gjort jobbet
på träningarna. Nu är det din tur att bidra.

Atte stirrade på honom, chockad.
– Jag? Men...
– Inget men, sa Ville bestämt. – Du är redo.

I tredje perioden gjorde Ville en rad förändringar.
Han justerade formationerna och satte in några
av de mindre erfarna spelarna i nyckelroller,
något som väckte höjda ögonbryn både på
bänken och bland publiken.

Spänningen i arenan var elektrisk, och det fanns
en nervositet i luften – skulle detta modiga drag
löna sig, eller bli det avgörande misstaget?

Johan såg först tveksam ut men litade på Villes
omdöme och gjorde sitt bästa för att stötta de
nya spelarna på isen.

Hans ledarskap märktes när han gav
uppmuntrande ord till Atte och några av de yngre
spelarna inför varje byte.

Atte, som hade tränat i det tysta hela säsongen,
fick nu sitt ögonblick att glänsa. Han jagade
pucken som om hans liv hängde på det, satte
press på motståndarna och skapade flera
chanser som fick publiken att resa sig från sina
platser.

Hans energi smittade av sig, och Frost HC
började få momentum. De åkte snabbare,
passade smartare och kämpade hårdare. Med tio
minuter kvar av matchen lyckades de bryta
igenom försvaret och gjorde sitt första mål.

Arenan exploderade av jubel, och hoppet tändes på nytt.

När klockan tickade ner mot två minuter kvar på matchen kvitterade Frost HC. Det var en elegant passning från Max till Atte, som styrde in pucken bakom motståndarnas målvakt.

Målet var en ren klassiker, och hela arenan kokade av glädje och adrenalin.

I matchens sista sekunder, med ställningen 2–2, fick Frost HC ett powerplay. Spänningen var outhärdlig.

Ville gick fram till bänken och valde, till publikens stora förvåning, att skicka ut Atte igen.

Atte torkade snabbt av sina handskar mot tröjan och mötte Villes blick.

– Tror du verkligen jag klarar det här? viskade han.
Ville böjde sig ner och svarade med fast röst:
– Du är redo, Atte. Det har du alltid varit.

Johan gav Atte en klapp på hjälmen och fyllde på:
– Du har det här. Bara spela ditt spel – äg spelet.

När pucken släpptes började Frost HC sitt powerplay med precision. Pucken rörde sig som i ett schackspel, varje passning noggrant uträknad.

Atte positionerade sig perfekt framför mål, beredd på varje studs och chans.

Med bara sekunder kvar på klockan fångade han upp en studsande puck. I en enda rörelse vände han sig om och sköt – en hård, låg puck som letade sig förbi målvaktens benskydd och in i nätmaskorna.

Slutsignalen ljöd precis när pucken träffade nätet. För en sekund var det som om hela arenan höll andan.

Sedan exploderade allt. Publiken skrek, spelarna kastade sig över Atte i en jublande hög, och Ville höjde knytnäven i en ovanligt känslosam gest.

Frost HC hade gjort det. De hade vunnit serien. När laget samlades i omklädningsrummet efter firandet fyllde energin rummet. Skratt, applåder och glada rop studsade mot väggarna. Men det var inte bara segern som kändes viktig – det var känslan av att de hade gjort det tillsammans.

Johan höll upp bucklan och ropade:
– Det här handlar inte om vem som gjorde målen eller räddningarna. Det handlar om vad vi gjorde tillsammans. Vi är Frost HC, och vi är ett lag!

Atte, som fortfarande försökte ta in att han hade avgjort matchen, satt tyst i ett hörn och betraktade kaoset omkring sig. När han mötte Villes blick gick tränaren fram till honom.
– Bra jobbat, Atte, sa Ville med ett litet leende. – Jag sa ju att du var redo.

Atte nickade, och för första gången den kvällen såg han inte längre ut som en nervös rookie. Han såg ut som en del av laget.

För Frost HC var segern inte bara ett mästerskap. Det var en bekräftelse på allt de hade kämpat för – deras förmåga att övervinna motgångar, växa som individer och förena sig som ett lag.

Och för Ville, som stod vid dörren och betraktade sitt lag, var det en påminnelse om varför han älskade hockey. Det handlade inte bara om vinster. Det handlade om resan – och de människor som gjorde den möjlig.

Reflektion och insikt

När isen hade smält bort för sommaren och pokalen stod placerad i en monter i hockeyhallens entré, var det som om hela staden andades annorlunda.

Frost HC hade inte bara vunnit en titel; de hade återupprättat sin stolthet och identitet. Men för spelarna handlade framgången om något djupare än en trofé – det handlade om resan de hade gjort tillsammans.

Johan satt ensam i det tysta omklädningsrummet en eftermiddag, med sitt knä omsorgsfullt lindat och kryckan lutad mot väggen. Ljuset från det lilla fönstret reflekterade mot metallbänkarna, och rummet, som tidigare hade varit fyllt av röster och skratt, kändes nu nästan högtidligt.

Han tänkte tillbaka på säsongen – på hur han hade tvivlat, inte bara på laget och Ville, utan även på sig själv. På alla de gånger han hade känt sig otillräcklig som kapten. Nu, med en hel säsongs erfarenheter bakom sig, insåg han att det var just de tuffa stunderna som hade format honom. Hans knä var kanske inte vad det en gång varit, men han hade växt på ett sätt som inte kunde mätas i fysisk styrka.

Ute på betongplattan tränade Max skott för sig själv. Hans klubbslag ekade genom hallen, men han stannade plötsligt upp och log, nästan omedvetet.

Han tänkte på den yngre versionen av sig själv – en självsäker tonåring med ett ego större än hallen och en förmåga att irritera de flesta. Det var svårt att erkänna, men Johan hade lärt honom mer om vad det betydde att vara en ledare än någon annan. Och Ville – Ville hade sett något i honom som han själv inte visste att han hade.

På läktaren satt Atte och lät blicken vandra över hallen. Han var fortfarande lite ovan vid att bli igenkänd på stan som "den som avgjorde finalen." Men i hans tankar fanns en djup tacksamhet.

Han visste att hans bidrag hade varit avgörande, men han förstod också att utan lagets stöd och Villes förtroende hade han aldrig fått den chansen.

När laget samlades en sista gång i omklädningsrummet innan sommaruppehållet, märkte de något ovanligt. På en av bänkarna låg en hopvikt lapp. Johan plockade upp den, vecklade ut den varsamt och började läsa högt:
"En framgångsrik säsong mäts inte bara i vinster, utan i hur vi växer tillsammans. Det ni har byggt här är större än hockey. Det är tillit, respekt och gemenskap – grunden för allt som är viktigt i livet. Tack för att jag fick vara en del av det.
– En stolt tränare."

Rummet blev tyst. Orden sjönk in i var och en av dem på sitt eget sätt. Några tittade ner, andra möttes med blickar fyllda av förståelse. Det var som om de delade en osynlig överenskommelse – en gemensam insikt om vad de hade skapat.

Ville hade gett dem riktningen, men det var de själva som hade byggt något större.

När spelarna lämnade omklädningsrummet för sista gången den säsongen, stannade Johan kvar ett ögonblick. Han gick fram till väggen där en nytillkommen skylt hängde, präglad med lagets värderingar: **Tillit, respekt, arbete, mod, gemenskap.**

Han strök med handen över skylten och log för sig själv. Dessa ord hade burit dem genom säsongen, men nu visste han att de skulle bära honom långt utanför hockeyrinken.

När han slutligen lämnade rummet, tog han ett sista, långt andetag. Det var slutet på en säsong, men han kände på sig att det bara var början på något större – något som skulle leva kvar. Frost HC hade inte bara blivit mästare; de hade blivit en familj.

Och i en liten stad, där hockey var mer än bara en sport, hade de lämnat ett avtryck som skulle inspirera generationer framöver.

Kapitel 1: Gruppdynamikens grunder – Från individer till enhet

Teori: Grupputvecklingens faser

Grupputveckling är en dynamisk process som beskriver hur en grupp av individer gradvis utvecklas till en enhet som kan arbeta effektivt tillsammans. Två av de mest använda modellerna för att beskriva denna process är FIRO-modellen och Tuckmans modell.

FIRO-modellen (Fundamental Interpersonal Relations Orientation) delar in gruppens utveckling i tre huvudsakliga faser:

1. **Tillhörighet:** Gruppen försöker etablera sig. Medlemmarna lär känna varandra och söker trygghet.

2. **Rollsökning:** Här prövas hierarkier och roller inom gruppen. Konflikter och maktkamper är vanliga.

3. **Samhörighet:** Gruppen når en nivå där tillit och ömsesidig respekt är starka. Man arbetar effektivt och fokuserar på gemensamma mål.

Tuckmans modell beskriver grupputvecklingens fyra (eller fem) faser:

1. **Forming:** Gruppen bildas, medlemmarna är artiga och försiktiga.

2. **Storming:** Konflikter uppstår när olika personligheter och mål krockar.

3. **Norming:** Gruppen hittar gemensamma normer och rutiner.

4. **Performing:** Gruppen fungerar som en enhet och arbetar effektivt.

5. *(Adjourning):* Gruppen upplöses (relevant vid tidsbegränsade projekt).

Koppling till berättelsen: Frost HCs resa Forming/Tillhörighet:
När Frost HC påbörjar säsongen under Villes ledarskap befinner de sig i "Forming"/"Tillhörighet"-fasen.

Spelarna försöker hitta sina platser i laget efter en turbulent föregående säsong. I början av berättelsen märks osäkerheten och försiktigheten bland spelarna, där få vågar tala öppet.

Max ankomst som en kaxig ny spelare och Johans dolda oro för sin form illustrerar gruppens brist på stabilitet.

Storming/Rollsökning:
Konflikten mellan Johan och Max speglar den klassiska "Storming"/"Rollsöknings"-fasen. Deras olika syn på ledarskap och lagspel skapar spänningar, vilket eskalerar i träningar och matcher.

Villes beslut att inte omedelbart ingripa utan låta gruppen hantera konflikten under kontrollerade former är ett exempel på hur ledare kan stödja grupputvecklingen genom att låta friktion leda till klarhet.

Exempel: Under träningshelgen där laget navigerar i mörker börjar roller och ledarskap testas. Erik kliver fram som en oväntad ledare, vilket visar att gruppen börjar acceptera olika styrkor och roller.

Norming/Samhörighet:
Efter träningshelgen och workshopen om lagets värderingar, börjar Frost HC röra sig in i "Norming"/"Samhörighet"-fasen. Johan och Max visar tecken på samarbete, och laget börjar arbeta mer enhetligt.

Under matcher tar de lärdomar från träningarna och agerar som ett kollektiv, snarare än individer. Gruppens kultur stärks när de delar ansvaret och lyfter fram varandra, som när Johan berömmer Erik efter hans avgörande räddningar.

Performing:
I seriefinalen når Frost HC "Performing"-fasen. De har blivit en enhet som kan hantera press, kommunicera effektivt och göra gemensamma insatser för att nå sitt mål.

Villes vågade beslut att sätta in mindre erfarna spelare i avgörande roller, som Atte, hade varit omöjligt i början av säsongen – nu möts det av lagets fulla stöd.

Reflektion: Från konflikt till enhet

Frost HCs resa är ett tydligt exempel på hur grupper utvecklas över tid. I början präglas de av osäkerhet och konflikter, men genom ledarskap, gemensamma utmaningar och ökad tillit når de en högre nivå av prestation.

Detta visar att konflikter och svårigheter inte är hinder, utan en naturlig del av processen för att bli ett effektivt team.

Praktiska tips för lag och ledare:

1. **Tillåt konflikter:** Konflikter är naturliga och nödvändiga för utveckling, men kräver tydlig struktur och stöd för att hanteras konstruktivt.

2. **Skapa gemensamma mål:** En gemensam vision, som lagets värderingar i berättelsen, ger gruppen något att enas kring.

3. **Bygg tillit över tid:** Genom aktiviteter som utmanar och stärker gruppens samarbete kan man snabbare nå "Samhörighet"/"Norming".

4. **Lyft fram olika styrkor:** Som Erik och Atte visar, kan oväntade individer spela avgörande roller om de får rätt förutsättningar.

Frost HCs resa från en splittrad grupp till ett mästarlag visar att med rätt ledarskap och insatser kan vilken grupp som helst utvecklas och prestera på topp.

Kapitel 2: Ledarskapets roll i gruppens utveckling

Teori: Olika ledarstilar och deras påverkan

Ledarskap är en avgörande faktor i gruppers utveckling. En ledares stil kan stärka eller försvaga gruppens dynamik beroende på hur väl den anpassas till gruppens behov och situation. Här är tre huvudsakliga ledarstilar och deras påverkan:

1. **Autokratiskt ledarskap:**
    Ledaren tar alla beslut och kontrollerar gruppen strikt. Denna stil kan vara effektiv i krissituationer där snabba beslut behövs, men riskerar att skapa passiva gruppmedlemmar och minska kreativitet.

2. **Demokratiskt ledarskap:**
    Ledaren involverar gruppen i beslutsprocesser och främjar delaktighet. Detta stärker engagemang och ansvar, men kan vara tidskrävande och mindre effektivt i akuta situationer.

3. **Delegerande ledarskap:**
    Ledaren ger ansvar till gruppmedlemmar och låter dem ta egna beslut. Denna stil fungerar bra i mogna grupper med hög kompetens

men kan leda till osäkerhet i mindre erfarna team.

Transformativt ledarskap är en modern modell som kombinerar inslag från ovanstående stilar. En transformativ ledare:

- Inspirerar genom en tydlig vision och föregår med gott exempel.

- Motiverar individer att nå sin fulla potential.

- Främjar innovation och anpassning genom att skapa en kultur av öppenhet och lärande.

Koppling till berättelsen: Villes ledarskap
Ville är ett exempel på en transformativ ledare som anpassar sin stil beroende på situation och individens behov.

Hans ledarskap bygger på att inspirera laget, skapa tillit och hjälpa spelarna att växa – både som individer och som grupp. Genom att kombinera olika ledarstilar visar han hur ledarskap kan forma och stärka en grupp.

Inspirera genom tydliga mål och värderingar
Under träningshelgen i skogen introducerade
Ville aktiviteter som utmanade laget både fysiskt
och mentalt.

Hans mål var inte bara att bygga lagets
färdigheter utan att skapa tillit och gemenskap.

När han bad laget formulera gemensamma
värderingar visade han kraften i demokratiskt
ledarskap – han inkluderade alla i processen,
vilket ökade lagets engagemang.

Exempel från berättelsen:
När Johan leder workshopen om lagets
värderingar, gör han det på Villes initiativ. Detta
visar Villes förmåga att delegera och stärka andra
ledare inom laget.

Även om Johan är skeptisk till en början, växer
han i sin roll som kapten och får laget att enas
kring viktiga principer som *Tillit, respekt, arbete,
mod och gemenskap.*

Hantera konflikter med balans

Ville visade sin skicklighet i konflikthantering genom att inte direkt ingripa i spänningarna mellan Johan och Max.

Istället observerade han konflikten och använde den som ett lärande tillfälle för gruppen. Genom att skapa kontrollerade situationer, som under nattövningen där Erik oväntat kliver fram som ledare, gav han laget möjlighet att själva lösa konflikter och utvecklas.

Exempel från berättelsen:
Under träningarna konfronterar Ville Max när han spelar individuellt istället för för laget.

Hans lugna men tydliga sätt att ge feedback är ett exempel på hur transformativt ledarskap fungerar
– han pekar inte bara ut problemen utan visar också vad som kan förbättras och motiverar Max att förändra sitt beteende.

Anpassa ledarskapet efter situationen
Under matcher, särskilt i seriefinalen, visar Ville
prov på situations anpassat ledarskap. När Johan
skadar sig i en tidigare match, väljer Ville att ge
kaptensbindeln till Max – ett riskfyllt men
strategiskt drag som testar och utvecklar Max
som ledare.

Genom att ändra formationen och sätta in Atte,
en mindre erfaren spelare, i finalen, visar han sin
tilltro till individernas förmåga och skicklighet att
fatta beslut under press.

Exempel från berättelsen:
När Frost HC ligger under i finalen med 3–0, tar
Ville en timeout och använder en autokratisk
ledarstil för att återställa fokus. Men när laget
börjar vända matchen, återgår han till att
delegera och lita på spelarna att fatta beslut på
isen – en balans som exemplifierar hans
transformativa tillvägagångssätt.

Reflektion: Ledarskapets kraft att forma grupper

Villes ledarskap är en röd tråd genom Frost HCs resa. Hans förmåga att anpassa sin stil beroende på gruppens fas och individernas behov gör att laget kan utvecklas från en splittrad grupp till en sammansvetsad enhet.

Praktiska lärdomar för ledare:

1. **Var situationsanpassad:** Använd rätt ledarstil för rätt situation. Var autokratisk när det behövs snabba beslut, demokratisk när du bygger engagemang och delegerande när du vill stärka självständighet.

2. **Inspirera genom vision:** Skapa en gemensam målbild som engagerar och förenar gruppen.

3. **Bygg relationer:** Tillit och respekt är grunden för allt ledarskap. Lär känna individerna och förstå vad som motiverar dem.

4. **Stöd utveckling:** Se konflikter och misstag som möjligheter att lära och växa, både för individer och gruppen.

Villes resa med Frost HC visar att ledarskap inte handlar om att alltid ha svaren, utan om att vägleda gruppen att hitta dem själva – och därigenom skapa något större än summan av delarna.

Kapitel 3: Kommunikation som nyckel till framgång

Teori: Kommunikationens roll i grupputveckling

Effektiv kommunikation är grunden för ett framgångsrikt samarbete i alla grupper. Den påverkar hur individer delar idéer, löser problem och bygger relationer. I gruppsammanhang spelar följande komponenter en avgörande roll:

1. **Feedback:** Konstruktiv feedback hjälper individer att förbättras och stärker relationer när den ges på rätt sätt. Positiv feedback förstärker önskat beteende, medan negativ feedback ska fokusera på specifika förbättringsområden utan att bli personlig.

2. **Aktivt lyssnande:** En teknik som innebär att ge full uppmärksamhet åt talaren, visa förståelse genom frågor eller bekräftelser, och reflektera tillbaka vad som sagts. Detta skapar tillit och ökar förståelsen i gruppen.

3. **Icke-våldsam kommunikation (IVK):** En kommunikationsmodell utvecklad av Marshall Rosenberg som fokuserar på att uttrycka sig utan att döma eller kritisera. IVK består av fyra steg:

- o **Observation:** Beskriv vad du ser utan att värdera det.
- o **Känsla:** Uttryck hur du känner i situationen.
- o **Behov:** Identifiera vilket behov som ligger bakom känslan.
- o **Önskan:** Be om en konkret handling som möter behovet.

4. **Öppen dialog:** En kultur av ärlighet och respekt i gruppen gör det möjligt att diskutera svåra ämnen utan att det leder till konflikter.

Koppling till berättelsen: Frost HCs utveckling
I början av berättelsen präglas Frost HC av dålig kommunikation. Spelarna undviker öppna samtal, konflikter bubblar under ytan, och feedback ges sällan eller på fel sätt. Genom Villes ledarskap och specifika aktiviteter utvecklas kommunikationen till att bli en styrka i laget.

Från tystnad till dialog

I säsongens början är kommunikationen i Frost HC nästan obefintlig. Under träningarna vägrar Max lyssna på Johans instruktioner, och Johan är för stolt för att erkänna sina egna svagheter. Detta är typiskt för grupper i tidiga utvecklingsfaser där osäkerhet och maktkamper hindrar öppen dialog.

Exempel från berättelsen:

När Ville introducerar workshopen om lagets värderingar, möts idén först av motstånd. Johan tycker det känns fånigt, och Max gör ett sarkastiskt uttalande. Men när övningen utvecklas och spelarna börjar dela sina tankar, bryts isen. Diskussionerna blir mer engagerade, och laget tar ett första steg mot en kultur av öppen kommunikation.

Feedbackens betydelse

Ville betonar vikten av feedback både på och utanför isen. Under en träning där Max tar ett individuellt beslut som misslyckas, konfronterar Ville honom:

– Vad hände där?

Max rycker på axlarna, men Ville fortsätter:

– Du hade ett passningsläge. Nästa gång, lita på dina lagkamrater. Det är så vi vinner.

Feedbacken är tydlig, konstruktiv och fokuserad på beteendet snarare än personen. Detta hjälper Max att inse sitt misstag utan att känna sig attackerad, vilket bidrar till hans utveckling som lagspelare.

Lyssnande som en ledarskapsstyrka

När Erik kliver fram som ledare under nattövningen, visar Johan för första gången ett genuint aktivt lyssnande. Istället för att försöka dominera eller rätta Erik, låter han honom ta ledningen och stöttar hans beslut. Detta blir ett viktigt ögonblick för lagets dynamik, då de inser att alla har något att bidra med.

Exempel från berättelsen:
Efter nattövningen lyfter Johan fram Erik inför resten av laget:
– Bra jobbat där ute. Du höll oss lugna när vi behövde det som mest.

Denna gest av uppskattning stärker Erik, som tidigare varit tyst och tillbakadragen, och visar lagets övriga spelare vikten av att lyfta fram varandras styrkor.

Icke-våldsam kommunikation under konflikter
Under konflikten mellan Johan och Max väljer Ville att inte ta en traditionellt auktoritär roll utan låter dem själva hantera situationen.

Men han sätter också ramar för hur konflikten ska diskuteras. Han påminner dem om att hålla sig till fakta och att uttrycka vad de känner utan att attackera den andre.

Exempel från berättelsen:
När Johan och Max tvingas samarbeta under
träningshelgen, säger Ville:
– Det är okej att ni inte alltid håller med varandra,
men det är inte okej att ni ignorerar varandra.
Börja med att säga vad ni behöver från den andre
för att göra det här jobbet.

**Reflektion: Kommunikation som en väg till
framgång**
Kommunikationen i Frost HC utvecklas från att
vara en källa till konflikt till att bli en styrka som
enar laget. Detta sker genom Villes medvetna
fokus på att skapa en miljö där feedback,
lyssnande och respekt är centrala. Genom att
spelarna lär sig kommunicera mer effektivt, både
i motgångar och framgångar, blir laget bättre
rustat att hantera press och lösa problem.

Praktiska lärdomar för grupper och ledare:
1. **Ge tydlig och konstruktiv feedback:**
   Fokusera på beteendet, inte personen. Ge
   också positiv feedback för att förstärka rätt
   beteende.

2. **Skapa en öppen miljö:** Uppmuntra ärlighet
    och respekt i dialoger. Ge utrymme för att
    olika perspektiv ska få höras.

3. **Träna aktivt lyssnande:** Visa intresse för
    andras tankar och reflektera tillbaka för att
    skapa en gemensam förståelse.

4. **Hantera konflikter med struktur:** Använd
    principerna från icke-våldsam
    kommunikation för att lösa konflikter på ett
    sätt som stärker relationer.

Frost HCs resa visar att framgång börjar med hur
vi talar och lyssnar till varandra. Kommunikation
är inte bara ett verktyg – det är själva grunden för
samarbete och samhörighet.

Kapitel 4: Konflikthantering i grupper

Teori: Konflikter som en del av grupputveckling
Konflikter är en naturlig och ofta nödvändig del av
grupputveckling. De uppstår när olika åsikter,
mål, eller personligheter krockar. Även om
konflikter kan kännas destruktiva, är de ofta
katalysatorer för förändring och utveckling när de
hanteras på rätt sätt.

En användbar modell för att analysera och
hantera konflikter är Thomas-Kilmanns
konfliktlösningsstrategier. Modellen identifierar
fem sätt att hantera konflikter, beroende på
graden av samarbete och assertivitet – det vill
säga förmågan att uttrycka sina behov och
åsikter på ett tydligt, respektfullt och självsäkert
sätt, samtidigt som man respekterar andras
perspektiv.

Här är de fem strategierna:
1. **Konkurrens**: Fokus ligger på att vinna
   konflikten. Det innebär hög assertivitet men
   lågt samarbete. Denna strategi kan vara
   effektiv i akuta situationer där snabba beslut
   krävs, men risken finns att det skapar
   motstånd eller negativa relationer.

2. **Samarbete**: Strävan är att hitta en lösning som gynnar alla parter. Här kombineras hög grad av samarbete och assertivitet. Detta kräver tid och engagemang men leder ofta till långsiktig harmoni och starkare relationer.

3. **Kompromiss**: En balans mellan assertivitet och samarbete, där båda parter ger upp något för att nå en lösning. Detta kan vara effektivt för att lösa mindre viktiga frågor snabbt, men riskerar att lämna båda parter delvis missnöjda.

4. **Undvikande**: Konflikten ignoreras eller skjuts upp. Här är både assertivitet och samarbete lågt. Denna strategi kan fungera för att vinna tid eller när konflikten är av låg betydelse, men det finns en risk att konflikten eskalerar om den inte hanteras.

5. **Anpassning**: En part ger efter för att bibehålla harmonin. Detta innebär högt samarbete men låg assertivitet. Anpassning kan vara effektivt för att lösa konflikter där relationen är viktigare än själva frågan, men kan också leda till frustration eller obalans om det sker för ofta.

Att förstå dessa strategier och kunna växla mellan dem utifrån situationens behov kräver både självkännedom och en viss grad av assertivitet. Genom att träna på att vara assertiv kan man bättre balansera sina egna behov med andras, vilket är en nyckel för att hantera konflikter framgångsrikt.

Koppling till berättelsen: Johan och Max konflikt

I berättelsen om Frost HC är konflikten mellan Johan och Max en central del av lagets utveckling. Deras motsatta personligheter – Johan som erfaren och plikttrogen kapten och Max som en ung, kaxig talang – skapar friktion som till en början hotar att splittra laget. Men genom Villes ledarskap och lagets gradvisa mognad blir konflikten en möjlighet till tillväxt.

Konfliktens uppkomst: Rollsökning och maktkamp

I den tidiga fasen av grupputvecklingen befinner sig Frost HC i "Rollsökningsfasen" (FIRO) eller "Storming-fasen" (Tuckman).

Johan, som kapten, känner sig hotad av Max ambitioner och brist på respekt för hierarkin. Max, å andra sidan, ser Johan som en föråldrad symbol för lagets tidigare misslyckanden.

Exempel från berättelsen:
Under en internmatch vägrar Max passa och går på en soloräd som misslyckas. Johan, frustrerad över Max självcentrerade spel, skäller ut honom högljutt:
– Du är lagets sämsta lagspelare!
Max svarar kallt:
– Kanske för att jag inte har ett gäng gamla knän som håller mig tillbaka.

Här ser vi ett exempel på konkurrensstrategi från båda parter, där konflikten trappas upp i jakten på att vinna argumentet.

Villes strategi: Konflikten som ett lärandeverktyg
Ville ingriper inte direkt i konflikten mellan Johan och Max. Istället låter han dem hantera sina skillnader inom ramen för lagets aktiviteter och använder kontrollerade situationer för att skapa möjligheter till samarbete.

Exempel från berättelsen:
Under träningshelgen tvingar Ville Johan och Max att arbeta tillsammans för att lösa en gruppuppgift.

Han säger:
– Det spelar ingen roll vad ni tycker om varandra. Här handlar det om vad ni kan göra tillsammans.

Ville väljer en strategi av samarbete genom att skapa en miljö där Johan och Max måste lägga sina personliga åsikter åt sidan för att nå ett gemensamt mål.

Konfliktens lösning: Samarbete och tillit
Konflikten når en vändpunkt när Johan börjar lyssna på Max, och Max visar att han kan spela för laget snarare än för sig själv.

Under en avgörande match där Johan blir skadad, får Max ta över kaptensrollen. Hans inspirerande tal under timeouten visar att han har vuxit som spelare och ledare, vilket i sin tur får Johan att respektera honom.

Exempel från berättelsen:

Max säger till laget:

– Vi spelar inte för oss själva. Vi spelar för varandra. Jag behöver er, och ni behöver mig.

Här ser vi en förändring från konkurrens till samarbete, där båda parterna inser att de vinner mer på att arbeta tillsammans än att vara i konflikt.

Lärdomar från konflikten

Genom att inte undvika eller tvinga fram en lösning på konflikten, utan istället använda den som en möjlighet för utveckling, visar Ville hur konflikter kan hanteras konstruktivt.

Hans strategi skapar en miljö där Johan och Max kan växa både individuellt och som lagkamrater.

Reflektion: Konflikter som katalysatorer för utveckling

Johan och Max konflikt är ett exempel på hur konflikter, när de hanteras rätt, kan leda till ökad förståelse och stärka en grupp. Deras resa från rivalitet till respekt visar att konflikter inte alltid måste undvikas – ibland är de nödvändiga för att gruppen ska nå nästa nivå.

Praktiska lärdomar för ledare och grupper:

1. **Identifiera konflikter tidigt:** Förstå orsakerna bakom konflikten och vad som står på spel.

2. **Välj rätt strategi:** Anpassa hanteringen beroende på konfliktens natur och gruppens mognad.

3. **Skapa en trygg miljö:** Ge möjlighet för parterna att diskutera sina åsikter öppet och konstruktivt.

4. **Främja samarbete:** Använd övningar och situationer som uppmuntrar till gemensamma lösningar.

5. **Lär av konflikten:** Reflektera över vad gruppen och individerna har lärt sig och hur det kan tillämpas framöver.

Frost HCs resa visar att konflikter inte behöver vara ett hot – de kan vara en möjlighet att bygga något starkare och mer enat.

Kapitel 5: Att bygga en gemensam vision och kultur

Teori: Gemensamma värderingar och mål i gruppkultur

En stark gruppkultur bygger på gemensamma värderingar och mål. Värderingar definierar hur gruppen arbetar tillsammans och vilka principer som styr deras beteenden, medan målen skapar en tydlig riktning och ger gruppen något att sträva efter.

När dessa är väl definierade och förankrade skapar de en stabil grund för effektivt samarbete och hög prestation.

Nyckelprinciper för att skapa och förstärka en gemensam kultur:

1. **Gemensamma värderingar:** Identifiera de grundläggande principerna som ska styra gruppens beteenden. Dessa fungerar som en etisk kompass och skapar sammanhållning.

2. **Klart definierade mål:** Skapa en gemensam vision som inspirerar och tydliggör gruppens syfte. Mål ska vara både långsiktiga (visionen) och kortsiktiga (milstolpar).

3. **Deltagande i processen:** För att värderingar
    och mål ska ha verklig påverkan måste alla
    gruppmedlemmar vara delaktiga i att
    formulera och förstå dem.

4. **Synliga handlingar:** Värderingar blir levande
    genom handlingar. Gruppens ledare och
    medlemmar måste leva efter de principer
    som satts upp.

5. **Återkommande förstärkning:** Kultur byggs
    över tid genom att upprepade gånger
    kommunicera och agera utifrån
    värderingarna och målen.

**Koppling till berättelsen: Frost HCs resa mot
en gemensam vision**
I Frost HCs berättelse blir arbetet med att
definiera gemensamma värderingar en
vändpunkt för lagets dynamik.

Villes initiativ att hålla en workshop om lagets
värderingar hjälper spelarna att identifiera vad de
står för som grupp och skapar en gemensam
grund för deras fortsatta resa.

Workshopen om värderingar: Att skapa gemenskap

I början av säsongen var Frost HC en splittrad grupp. Många spelare var mer fokuserade på sina individuella prestationer än på lagets framgång.

Under workshopen bad Ville laget att svara på en enkel men kraftfull fråga:
– Vad vill vi att Frost HC ska stå för?

Till en början möttes frågan med skepticism. Johan tyckte det kändes konstlat, och Max såg det som ett slöseri med tid. Men när spelarna började diskutera blev det tydligt att det fanns gemensamma teman i deras svar.

Orden som till slut hamnade på tavlan – *Tillit, respekt, arbete, mod, gemenskap* – sammanfattade inte bara vad laget ville uppnå utan också vad de behövde för att lyckas.

Betydelsen av delaktighet:
Villes beslut att låta spelarna själva formulera värderingarna, snarare än att diktera dem, gjorde att de kände ägandeskap över processen. Detta ökade deras engagemang och vilja att leva upp till de principer de hade satt upp.

Att leva efter värderingarna: Från ord till handling

När värderingarna var på plats började laget arbeta för att omsätta dem i praktiken. Detta syntes i både små och stora handlingar:

- **Tillit:** Under nattövningen i skogen visade Erik att laget kunde lita på honom som ledare i pressade situationer.

- **Respekt:** Johan började lyssna mer på sina lagkamrater, särskilt Max, och visade att han respekterade deras idéer och bidrag.

- **Arbete:** Ville betonade vikten av hårt arbete under varje träning, och laget började stötta varandra snarare än att bara fokusera på sina egna prestationer.

- **Mod:** Max, som tidigare spelade för sig själv, visade mod genom att ta ansvar och lyfta laget under pressade matcher.

- **Gemenskap:** När Atte avgjorde finalen blev han hyllad av hela laget, vilket visade att de nu såg sig själva som en enhet där alla bidrog.

Värderingarnas roll i finalen
I finalen, när Frost HC stod inför svåra motgångar, blev värderingarna en vägledning.

När laget låg under och frustrationen växte, påminde Johan sina lagkamrater om att de hade tagit sig igenom värre situationer tillsammans.

Ville gjorde vågade beslut, som att sätta in mindre erfarna spelare, eftersom han litade på lagets förmåga att stödja varandra.

Värderingarna fungerade som en gemensam karta som hjälpte laget att navigera genom utmaningar och hålla fokus på vad som var viktigast – att spela som ett lag.

Reflektion: Kulturens kraft i lagets framgång
Frost HCs resa visar att en stark kultur kan vara skillnaden mellan ett lag som bara existerar och ett lag som presterar på hög nivå.

Genom att tydligt definiera sina värderingar och mål skapade laget en gemensam grund som gav dem styrka i motgångar och enhet i framgångar.

Praktiska lärdomar för lag och ledare:
1. **Involvera gruppen i processen:** Låt alla vara med och definiera värderingar och mål för att skapa ägandeskap och engagemang.

2. **Lev värderingarna:** Visa genom handling vad värderingarna betyder i praktiken. Ledaren måste föregå med gott exempel.

3. **Återkommande påminnelser:** Påminn gruppen om värderingarna och målen regelbundet, särskilt under svåra tider.

4. **Använd värderingarna som kompass:** Låt dem vägleda beslut och beteenden, både i med- och motgång.

Frost HCs framgång i finalen var inte bara en seger i hockey – det var en triumf för lagets gemensamma vision och kultur. Det visar att när en grupp har ett tydligt "varför," kan de övervinna nästan vad som helst.

Kapitel 6: Roller i laget – Synliga och osynliga ledare

Teori: Rollers betydelse i grupper

I en grupp spelar varje medlem en unik roll som bidrar till helheten. Dessa roller, både formella och informella, är avgörande för att skapa balans och effektivitet.

Formella roller, som ledare eller kapten, är tydligt definierade och ofta tilldelade. Informella roller däremot uppstår naturligt och kan vara minst lika viktiga.

Belbins teamroller identifierar nio funktionella roller som behövs för en effektiv gruppdynamik. Dessa roller är indelade i tre kategorier:

1. **Handlingorienterade roller:**
    - **Implementer:** Praktisk och organiserad, förvandlar idéer till handling.
    - **Shaper:** Driven, utmanar gruppen att prestera bättre.
    - **Completer Finisher:** Noggrann och detaljorienterad, säkerställer att arbetet blir klart.

2. **Människoorienterade roller:**
   - ○ **Coordinator:** Stödjer gruppens samarbete och tilldelar uppgifter.
   - ○ **Teamworker:** Empatisk, underlättar relationer och minskar konflikter.
   - ○ **Resource Investigator:** Utåtriktad och nyfiken, hittar nya möjligheter.

3. **Tänkande roller:**
   - ○ **Plant:** Kreativ och idérik, hittar innovativa lösningar.
   - ○ **Monitor Evaluator:** Analytisk och objektiv, utvärderar idéer.
   - ○ **Specialist:** Djup sakkunskap inom ett specifikt område.

Informella ledare kan ofta vara osynliga i formella strukturer men har stor påverkan på gruppens dynamik. De kan inspirera, vägleda och balansera gruppen utan att ha en uttalad ledarroll.

Koppling till berättelsen: Frost HCs roller och ledarskap

I Frost HC blir rollerna tydliga genom berättelsens gång. Spelarna tar på sig både förväntade och oväntade roller, och deras bidrag kompletterar varandra på sätt som förstärker laget.

Erik: Den osynliga ledaren

Erik, lagets tysta och tillbakadragna målvakt, har länge varit en stabil men lågmäld medlem av Frost HC.

Hans roll som "Teamworker" blir tydlig under nattövningen i skogen. När gruppen förlorar riktning och spänningarna växer, kliver Erik fram som en informell ledare.

Exempel från berättelsen:

Erik säger lugnt:
– Vi behöver sluta prata i mun på varandra och samarbeta. En person ger instruktioner, resten följer.

Hans lugn och tydliga instruktioner hjälper laget att navigera genom mörkret. Erik visar att ledarskap inte alltid handlar om att vara högljudd eller dominerande – ibland handlar det om att skapa struktur och trygghet.

Atte: Den oväntade hjälten

Atte, en reservspelare som sällan fått speltid, tar en avgörande roll i finalen. Han kliver fram som en "Shaper" när han sätter press på motståndarna och visar energi och vilja att prestera.

Hans mål i matchens sista sekunder är inte bara resultatet av hårt arbete utan också en påminnelse om att alla i laget har en viktig roll att spela.

Exempel från berättelsen:

Ville säger till Atte innan han går ut på isen:
– Du har gjort jobbet på träningarna. Nu är det din tur att bidra.
Genom att ge Atte en chans visar Ville hur ledare kan använda informella spelare för att skapa oväntad dynamik och energi.

Johan och Max: Från konflikt till komplettering
I början av säsongen tar Johan en tydlig roll som lagets "Coordinator," men hans relation med Max gör det svårt att fullt ut använda denna styrka.

Max, som i början agerar som en "Plant" med kreativa men ofta egocentriska lösningar, utvecklas under säsongen till en "Shaper" som kan inspirera och motivera andra.

Exempel från berättelsen:
När Johan skadar sig och Max tar kaptensbindeln, ser vi hur deras roller förändras och kompletterar varandra. Johan accepterar att stödja laget från sidan, medan Max kliver fram och visar sitt nya fokus på laget snarare än på sig själv.

Rollernas samspel: Balansen i laget
Genom hela säsongen blir det tydligt att Frost HCs framgång beror på balansen mellan deras olika roller.
Ingen enskild spelare bär laget – det är samspelet mellan ledare, kreatörer, arbetare och specialister som skapar en vinnande enhet.

Exempel från berättelsen:

Under finalen är det tydligt hur lagets olika roller samspelar:

- Erik håller laget kvar i matchen genom avgörande räddningar (Specialist).
- Atte och Max skapar energi och press (Shaper).
- Johan stöttar från sidan som mentor och förebild (Coordinator).

Reflektion: Roller som grund för framgång

Frost HCs resa visar hur olika roller, både formella och informella, bidrar till gruppens utveckling. Erik och Atte är exempel på hur osynliga och oväntade ledare kan spela avgörande roller, medan Johan och Max visar att konflikt och förändring kan leda till komplettering och styrka.

Praktiska lärdomar för lag och ledare:

1. **Identifiera och respektera roller:** Förstå vilka roller som finns i gruppen och hur de kan bidra.

2. **Ge utrymme för informellt ledarskap:** Stöd individer som kliver fram i oväntade situationer.

3. **Uppmuntra rollutveckling:** Låt gruppmedlemmar prova olika roller för att växa och hitta nya styrkor.

4. **Sök balans:** Ett framgångsrikt lag behöver både kreativa tänkare, stabila arbetare och drivna ledare.

Frost HCs resa visar att roller inte är statiska. När individer får utrymme att utvecklas och gruppen stöttar varandra, kan alla bidra till framgång – både de synliga stjärnorna och de tysta hjältarna.

Kapitel 7: Att leda under press – Beslutsfattande i avgörande ögonblick

Teori: Beslutsfattande under press och osäkerhet

Ledarskap under press är en avgörande faktor i krävande situationer. Förmågan att fatta rätt beslut, anpassa sig till förändrade förhållanden och hantera stress påverkar inte bara ledaren själv utan hela gruppens prestation.

Nyckelprinciper för beslutsfattande under press:

1. **Situationsanpassat ledarskap:** En ledare måste anpassa sin stil efter situationens krav och gruppens behov. I akuta ögonblick kan en mer direkt och auktoritär stil krävas, medan en mer delegerande eller demokratisk stil kan vara lämplig när tiden tillåter.

2. **Prioritering:** Under press är det viktigt att snabbt identifiera de mest kritiska frågorna och fokusera på dem. Beslut som minimerar risker och maximerar möjligheter prioriteras.

3. **Intuition och erfarenhet:** I stressade situationer kombinerar framgångsrika ledare sina erfarenheter med intuition för att fatta snabba beslut utan att bli paralyserade av osäkerhet.

4. **Stresshantering:** Stress är en naturlig del av pressade situationer. Ledare måste kunna hålla sig lugna och fokuserade, både för sin egen skull och för att inge trygghet i gruppen.

5. **Kommunikation:** Tydlig och enkel kommunikation under press är avgörande för att säkerställa att alla förstår och agerar enligt planen.

Koppling till berättelsen: Villes ledarskap under finalen

I Frost HCs finalmatch mot Iron Wolves sätts Ville på prov som ledare. Hans beslut att sätta in Atte, ändra formationen och balansera kritik med förtroende är exempel på hur situationsanpassat ledarskap och effektiv stresshantering kan skapa framgång.

Situationsanpassning: Villes beslut att sätta in Atte

När Frost HC ligger under med 3–0, inser Ville att laget behöver en förändring. Istället för att spela säkert och hålla sig till sina mer erfarna spelare, gör han ett vågat drag genom att sätta in Atte, en reserv med minimal erfarenhet i liknande situationer.

Exempel från berättelsen:
Ville ser Attes energi och arbetsmoral som en möjlighet att förändra dynamiken på isen. Han säger till Atte:
– Du har förberett dig för det här. Gå ut och visa vad du kan.

Det här beslutet visar Villes förmåga att anpassa sig till situationen. Han tar en kalkylerad risk, baserad på Attes prestationer under träningar och den energi han kan tillföra laget. Beslutet är både modigt och strategiskt.

Prioritering: Fokus på det viktigaste
Under timeouten när Frost HC är i underläge, återställer Ville lagets fokus. Istället för att låta spelarna fastna i frustration över tidigare misstag, riktar han deras uppmärksamhet mot vad som kan göras här och nu.

Exempel från berättelsen:
– Vi tar det byte för byte, en puck i taget. Spela
vår hockey, inget annat, säger Ville under
timeouten.

Det här är ett exempel på prioritering i en
stressad situation. Ville vet att laget behöver
bryta ner utmaningen till hanterbara delar för att
kunna vända matchen.

Intuition och erfarenhet: Ändra formationen
Ett av Villes mest avgörande beslut i finalen är att
ändra formationen och ge de mindre erfarna
spelarna mer istid. Det är ett beslut som bygger
på hans erfarenhet och intuition om att
förändring kan ge laget en ny energi.

Exempel från berättelsen:
När Ville ser att de erfarna spelarna börjar tappa
fokus, sätter han in en formation som inkluderar
Atte och andra yngre spelare. Detta skapar en ny
dynamik som överraskar motståndarna och ger
Frost HC momentum.

Stresshantering: Lugnet i stormen

Under hela matchen visar Ville ett lugn som smittar av sig på laget. Även när domarens kontroversiella beslut ger motståndarna övertag, håller han sitt fokus och låter inte frustrationen påverka hans beslut.

Hans förmåga att hålla sig lugn ger laget trygghet och stärker deras förtroende för honom.

Kommunikation: Enkelhet och tydlighet

I pressade situationer kommunicerar Ville på ett sätt som är både enkelt och motiverande. Hans budskap är alltid tydligt och direkt, vilket säkerställer att alla spelare förstår vad de ska göra.

Exempel från berättelsen:

När Frost HC går in i de sista minuterna av matchen, säger Ville:
– Håll fokus. Spela enkelt. Vi vet vad vi kan.
Det här korta, tydliga meddelandet ger spelarna självförtroende och en tydlig plan.

Reflektion: Beslutsfattande som förändrade matchen

Villes beslut under finalen visar hur situationsanpassat ledarskap och förmågan att hantera stress kan vara avgörande i pressade situationer. Hans mod att ta risker, kombinera erfarenhet med intuition, och kommunicera tydligt gjorde det möjligt för Frost HC att vända matchen och vinna.

Praktiska lärdomar för ledare:

1. **Anpassa ledarskapet:** Välj en ledarstil som passar situationen och gruppens behov.

2. **Fokusera på det viktigaste:** Identifiera och prioritera de mest kritiska åtgärderna.

3. **Var modig men strategisk:** Våga ta risker när de är välgrundade och kan ge positiv effekt.

4. **Hantera stress:** Behåll lugnet och fokusera på lösningar för att inspirera gruppen.

5. **Kommunicera tydligt:** Använd enkla och motiverande budskap för att guida gruppen under press.

Frost HCs finalmatch är ett exempel på hur rätt beslut vid rätt tidpunkt kan vända en till synes omöjlig situation. Villes ledarskap visar att framgång inte bara handlar om att ha rätt taktik – det handlar om att skapa förtroende, fokus och tro på laget även under de mest pressade förhållanden.

Kapitel 8: Att utvecklas som individ inom gruppen

Teori: Gruppens påverkan på individens utveckling

Gruppen spelar en central roll i individens utveckling, både professionellt och personligt. När gruppen fungerar som en stödjande miljö kan den förstärka individens förmåga att utvecklas och prestera. Tre viktiga faktorer i denna process är:

1. **Självledarskap:** Individen tar ansvar för sitt eget lärande och sin utveckling, med stöd av gruppens mål och värderingar. Självledarskap handlar om att sätta upp egna mål, utvärdera sitt beteende och ta initiativ till förbättring.

2. **Motivation:** Gruppen kan påverka individens inre och yttre motivation. En stark gruppkultur med tydliga mål och värderingar kan inspirera individen att arbeta hårdare och prestera bättre.

3. **Psykologisk trygghet:** En miljö där individer känner sig trygga att vara sig själva, dela idéer och ta risker utan rädsla för negativa konsekvenser. Psykologisk trygghet är avgörande för kreativitet och utveckling.

Koppling till berättelsen: Max och Attes utveckling

I Frost HCs resa är Max och Atte två spelare som genomgår betydande utveckling. Deras individuella framsteg är inte bara resultatet av deras egna ansträngningar utan också av den miljö som Ville skapar inom laget.

Max: Från ego till lagspelare

I början av säsongen är Max en självcentrerad spelare som fokuserar på sin egen prestation snarare än lagets framgång. Han ser sig själv som en stjärna och saknar respekt för hierarkin i laget. Under säsongens gång utvecklas han till en lagspelare och en ledare.

Exempel från berättelsen:

När Max får kaptensbindeln under en avgörande match, säger han till laget:
– Vi spelar inte för oss själva. Vi spelar för varandra. Jag behöver er, och ni behöver mig.

Denna förändring visar hur Max, genom lagets stöd och Villes feedback, börjar se sitt ansvar som en del av en större enhet.

Ville använder en kombination av tydlig feedback, förtroende och ansvarstagande för att motivera Max att förändras.

Självledarskap och motivation:
Max lär sig att leda sig själv genom att reflektera över sitt beteende och anpassa sitt spel. Ville ger honom möjlighet att misslyckas och lära sig av sina misstag, vilket hjälper Max att utveckla både sitt spel och sin personlighet.

Atte: Från osynlig reserv till avgörande spelare
Atte, en ung reserv, börjar säsongen i skuggan av de mer erfarna spelarna. Han tränar hårt men får få chanser att visa vad han kan. Under säsongen får han dock möjligheter att växa, och i finalen kliver han fram som en avgörande spelare.

Exempel från berättelsen:
Ville säger till Atte inför finalen:
– Du har gjort jobbet på träningarna. Nu är det din tur att bidra.

Genom att ge Atte förtroende i ett avgörande ögonblick visar Ville att han tror på honom. Detta stärker Attes självförtroende och gör att han presterar på topp när det verkligen gäller.

Psykologisk trygghet:
Ville skapar en miljö där Atte vågar ta risker och
spela sitt spel utan rädsla för att misslyckas.

Laget stöttar honom, och hans prestationer firas
som en gemensam framgång. Detta gör att Atte
växer både som spelare och som individ.

Villes roll i individernas utveckling

Ville fungerar som en katalysator för både Max
och Attes utveckling genom att skapa en miljö
som kombinerar höga förväntningar med stöd
och trygghet.

Han ger spelarna utrymme att växa, men han
håller också fast vid lagets värderingar och mål
som en ram för deras utveckling.

Exempel från berättelsen:

- Max får regelbunden feedback om sitt
  beteende och sin prestation, vilket hjälper
  honom att förstå hur han kan bidra till laget.

- Atte får möjligheter att visa sina styrkor, och
  Ville tar sig tid att lyfta fram hans insatser
  inför laget, vilket stärker hans
  självförtroende.

Reflektion: Individuell utveckling i en gruppmiljö

Frost HCs resa visar hur en grupp kan stärka individens utveckling genom att erbjuda stöd, utmaningar och trygghet. Max och Atte är två exempel på hur individer kan växa när de känner att deras bidrag värderas och när de får möjlighet att visa vad de kan.

Praktiska lärdomar för ledare:
1. **Stöd självledarskap:** Hjälp individer att sätta egna mål och ta ansvar för sin utveckling.

2. **Motivera genom förtroende:** Visa att du tror på individerna och ge dem ansvar som matchar deras förmågor.

3. **Skapa psykologisk trygghet:** Uppmuntra en miljö där det är tryggt att misslyckas och där prestationer firas som en del av lagets framgång.

4. **Anpassa ledarskapet:** Ge olika typer av stöd beroende på individens behov och utvecklingsfas.

Max och Attes resa i Frost HC visar att individens framgång inte bara handlar om talang utan också om den miljö som laget och ledaren skapar. När individer får rätt förutsättningar kan de nå nya nivåer – både som spelare och människor.

Kapitel 9: Sammanfattning – Från teori till praktik

Teori: En överblick över gruppdynamik och ledarskap

Frost HCs resa är en praktisk illustration av teorier inom gruppdynamik och ledarskap. Följande nyckelkoncept sammanfattar de insikter som kan tillämpas på alla grupper och team:

1. **Grupputveckling:**
   En grupp går igenom olika faser (t.ex. Forming, Storming, Norming, Performing) där konflikter och utmaningar är en naturlig del av utvecklingen. Ledarens roll är att guida gruppen genom dessa faser och skapa en kultur som främjar samarbete och prestation.

2. **Ledarskapets betydelse:**
   Effektivt ledarskap bygger på situationsanpassning, förmågan att inspirera och förtroende för gruppen.
   Transformativt ledarskap kombinerar vision och individens utveckling för att stärka gruppens sammanhållning och prestation.

3. **Kommunikation:**
   Öppen och effektiv kommunikation är
   grunden för framgångsrikt samarbete.
   Feedback, aktivt lyssnande och psykologisk
   trygghet skapar en miljö där idéer kan flöda
   fritt och konflikter lösas konstruktivt.

4. **Roller och ansvar:**
   Både formella och informella roller bidrar till
   gruppens dynamik. Att identifiera och lyfta
   fram osynliga ledare, som Erik, och oväntade
   bidragsgivare, som Atte, är avgörande för att
   skapa balans och stärka laget.

5. **Individuell utveckling:**
   Gruppens kultur påverkar individens
   motivation, självledarskap och prestation.
   När individer känner sig sedda, hörda och
   värderade, utvecklas de både som individer
   och som en del av gruppen.

Koppling till berättelsen: Frost HCs resa

Frost HCs säsong är en berättelse om hur en splittrad grupp med olika personligheter och konflikter kan förvandlas till en sammansvetsad enhet. Detta sker genom Villes ledarskap, lagets gemensamma värderingar och de utmaningar de möter tillsammans.

Grupputveckling och konflikter

I början av säsongen kämpar laget i Storming-fasen, där konflikter mellan Johan och Max dominerar. Genom Villes ledarskap och aktiviteter som workshopen om lagets värderingar och träningshelgen i skogen, övergår de till Norming och slutligen Performing, vilket kulminerar i finalens framgång.

Ledarskap och kommunikation

Ville visar hur situationsanpassat ledarskap kan skapa en positiv förändring. Han hanterar konflikten mellan Johan och Max genom att låta dem själva lösa den, men han finns också där som en stödjande figur som sätter ramar och ger feedback.

Roller och individuell utveckling

Erik och Atte är exempel på hur olika roller
stärker laget. Erik, som den lugna och osynliga
ledaren, ger laget stabilitet, medan Atte bidrar
med energi och mod i avgörande ögonblick. Max
utveckling från egoistisk spelare till lagledare
visar hur individer kan växa inom en stark
gruppkultur.

Från teori till praktik: Verktyg och tips

För att applicera lärdomarna från Frost HC på
dina egna grupper och team kan du använda
följande verktyg och tips:

1. **Bygg en stark kultur:**
   - Definiera gemensamma värderingar
     och mål tillsammans med gruppen.
   - Skapa en vision som motiverar och
     inspirerar.
   - Stärk kulturen genom återkommande
     aktiviteter och dialog.

2. **Hantera konflikter konstruktivt:**
   - Identifiera orsakerna till konflikten
     och skapa en trygg miljö för
     diskussion.

o   Använd modeller som Thomas-
    Kilmanns konfliktlösningsstrategier
    för att hitta rätt tillvägagångssätt.
o   Se konflikter som en möjlighet till
    utveckling snarare än ett hot.

3. **Använd situationsanpassat ledarskap:**
    o   Anpassa din ledarstil efter gruppens
        behov och situationens krav.
    o   Var tydlig med förväntningar och ge
        utrymme för individers initiativ.
    o   Stöd och utmana gruppen att nå sin
        fulla potential.

4. **Främja psykologisk trygghet och
    kommunikation:**
    o   Uppmuntra öppen dialog och lyssna
        aktivt på gruppmedlemmarna.
    o   Ge regelbunden feedback och skapa
        en miljö där det är tryggt att ta risker
        och göra misstag.

5. **Lyft fram osynliga och oväntade bidrag:**
   - Identifiera styrkor och roller hos alla gruppmedlemmar, inte bara de mest framträdande.
   - Ge utrymme för nya ledare att kliva fram i olika situationer.

Reflektion: Framgång genom tillit och gemenskap

Frost HCs resa visar att framgång inte handlar om perfektion från början, utan om att ständigt lära, anpassa och utvecklas som både grupp och individer. Det är en påminnelse om att det som verkligen skapar framgång inte är individuella prestationer, utan förmågan att arbeta tillsammans mot ett gemensamt mål.

Slutord:

Lärdomarna från Frost HC kan tillämpas i alla typer av grupper, oavsett om det handlar om idrott, arbetsplatser eller projektteam. Med rätt ledarskap, en stark kultur och en vilja att utvecklas tillsammans kan vilken grupp som helst nå sin fulla potential. Frågan är inte om det är möjligt – utan om du är redo att ta första steget.

Andra böcker om hockey, hockeyledarskap och hockeyövningar

TRÄNA
HOCKEY
HEMMA
Jukka Aró
Hockeycoach.se

HOCKEY
TRÄNING
HEMMA
AI BASERADE
PROGRAM
JUKKA ARO
HOCKEYCOACH.SE

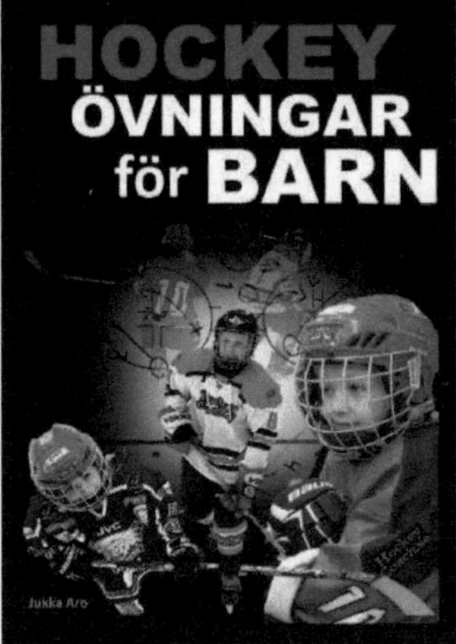

HOCKEY
ÖVNINGAR
för BARN
Jukka Aró

HOCKEY
Träningar
För de
YNGRE
Jukka Aró

MULTI
DIMENSIONELL
HOCKEY
TRÄNING & ÖVNINGAR
HockeyCoach.se - Jukka Aro

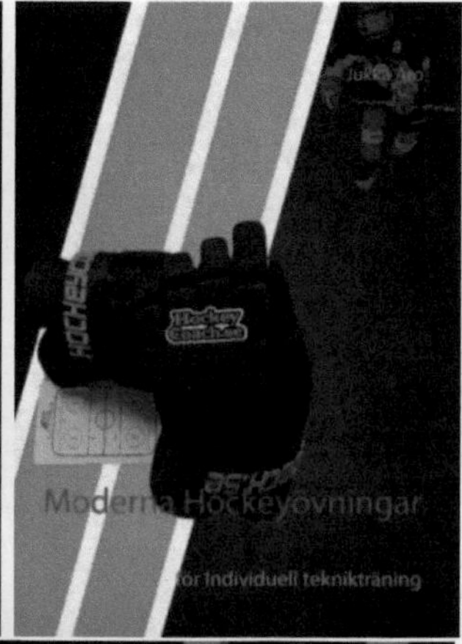

Jukka Aro
Moderna Hockeyövningar
för individuell teknikträning

BYGGA
FRAMGÅNGSRIKT
HOCKEYLAG
Ledarskap
Spel
Övningar
En Handbok för
Ledarskap och Lagutveckling
Jukka Aro
Jukka Aro
Hockey
Coach.se
HockeyCoach
Hockey Ledarskap och Övningar

Du hittar samtliga böcker i online bokaffärer, både som bok och eBok.

Följ Hockeycoach.se:

HOCKEYCOACHSE

Hockeycoach.se #Hockeybooks #Hockeye...

Video från @HockeyCoachSE

Skanna TikCode för att titta på den här videon

@Hockeycoachse

@HOCKEYCOACH.SE